「やる気」を科学的に分析してわかった

小学生の子が勉強にハマる方法

伸学会
菊池洋匡
秦一生

実務教育出版

はじめに

お子さんが勉強に夢中になって取り組むようになったら、どれほど嬉しいことでしょう。

多くの保護者の方々に共通の悩みが、「子どもが勉強をイヤがること」です。この本を手にされたということは、きっとそんな悩みを抱えていらっしゃるのではないでしょうか。

子どもの勉強ギライの原因の多くは、「勉強はつまらなくてもガマンして取り組まなければいけないもの」という保護者の方々による誤解です。多くの親御さんがこういった誤解をし、「いかにガマンさせるか」という発想でお子さんと向き合っています。そして、わが子を勉強ギライへと導いてしまっているのです。

ですが、保護者の方々が悪いとは一概には言えません。なぜなら、親世代も子どもの時に「勉強はイヤでもやらなければならないもの」と言い聞かせられ、ガマンして取り組んできたのですから。そうすることが正しいと信じ、子どものためによかれと思ってやっているのでしょう。

でも、ここで一度常識を疑ってみましょう。
はたして、勉強を楽しむことは不可能なのでしょうか？
はたして、勉強は楽しんではいけないのでしょうか？
どちらも答えは「いいえ」です。

勉強を楽しむことは可能です。勉強でも仕事でも、物事を楽しんで取り組む〝技術〟はあります。これは科学的に実証されたもので、どこの誰でも再現が可能です。実際に、私たちの塾の生徒たちは勉強好きになっています。あなたのお子さんにも、勉強を楽しいと思わせることはできるのです。

勉強を楽しむのはよいことです。人は何かを楽しみ、夢中になっているときに最大限の能力を発揮します。好きな趣味や遊び、ゲームにものすごい記憶力や集中力を発揮する人は、みなさんの周りにもきっといるでしょう。これは勉強でも同様です。私たちの生徒にも、勉強に夢中になって取り組んだ結果、大きく能力と成績を伸ばした子がたくさんいます。あなたのお子さんも、勉強に夢中にさせることができれば飛躍的に成長するでしょう。

この本では、子どもを勉強好きにするための科学的なコツをご紹介していきます。ものによっては、本当にちょっとしたことで、魔法のような効果があったりもします。その大枠は、「ARCSモデル」と呼ばれる学習意欲のモデルにのっとっています。

「やる気」を分解するARCSモデル

ARCSモデルは学習意欲（やる気）を、注意（Attention）・理由※（Reason）・自信（Confidence）・満足感（Satisfaction）の4つに分類したものです。これは、アメリカの教育工学者J・M・ケラーが、心理学における動機づけ（やる気）研究をまとめ上げた、一種の集大成とも言えるモデルです。要するに、「やる気の源には大きく分けると4つのパターンがありますよ」――ということです。

このモデルはグーグル社でも取り入れられており、大人のやる気を引き出すのはもちろん、子どものやる気を引き出すのにも有効です。いえ、むしろ子どものほうがより重要か

※ケラーの原案ではRはRelevance（関連性）とされていますが、伸学会ではもっとわかりやすい日本語に言い替えて、RはReason（理由）としています。以下、本書では理由（Reason）で統一します。

もしれません。大人であれば、やるべき理由（R）さえあれば行動できる人も多いですが、子どもはそうはいかないからです。

　私たちがこのモデルを活用して指導した結果、多くの子たちが勉強を楽しむようになってくれました。保護者様の声の一部をご紹介しましょう。

やる気の4つの源泉「ARCSモデル」

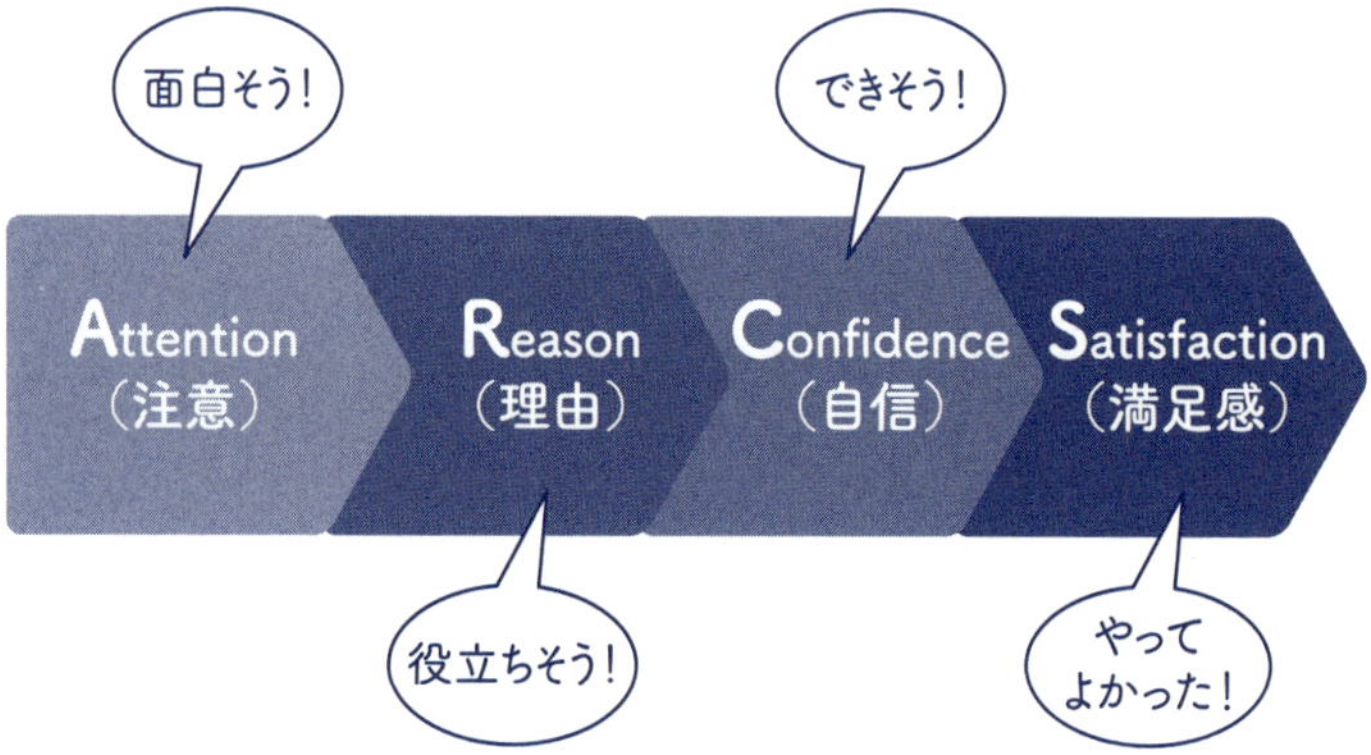

　3年生の2月からある大手塾に通い始めました。入塾テストは合格点も平均点も上回り、意気揚々と通い始めましたが、授業の進度が速く、あっという間に消化不良を起こしてしまいました。成績もどんどん下がりクラスも落ちてしまうと、首振りや瞬きなどのチック症状も出てきて、早くも2ヶ月で辞めることに…。

そんなとき、仲学会の指導方針（子ども自らがＰＤＣＡを回せるようになる、将来にわたって役立つ問題解決能力を身につけられるようになる）に大変共感し、集団塾がトラウマになっていた息子をなんとか乗せて体験授業を受けさせると、「楽しかった！」と言って帰ってきました。「すぐ宿題やっちゃうね！」「月曜日、自習に行きたい！」と別人のようにやる気満々。いったい、どんな魔法を使ったのかしら？　と思ったほどでした。

全文は弊塾Ｗｅｂサイト（http://www.singakukai.com/feedback/10674.html）に掲載していますので、興味がありましたらご覧ください。

この魔法の正体こそが「ＡＲＣＳモデル」です。これら4つの要素が揃っていれば、お子さんは夢中になって勉強に取り組むでしょう。逆に、1つもなければ勉強なんてイヤでしょうがないという状態になるでしょう。

お子さんには、どれがあって、どれがないでしょうか？　4つ全部揃える必要はありません。ただ、1つから2つ、2つから3つと増えるにしたがって、勉強がどんどん楽しくなっていくでしょう。いろいろ試してもうまくいかないような場合には、同じ要素ばかりになっていないか疑ってみてください。足りない要素の中で、できそうなものから順に取り入れてみて、お子さんをぜひ勉強好きな子にしてあげてくださいね。

2019年春

伸学会代表　菊池　洋匡
開発部主任　秦　一生

マナブー
ぐぐ
伸藤
Shinto
伸藤マナブ
ゲーム大好きな小学5年生
そろそろ宿題は終わったのー
トントン
マナブの部屋
コンコン
開けるわよー
ガチャ
ああっ
すぴ
マナブー起きなさーい
フギャッ
ちゃんとやりなさーーい
うーっ
問1は？
問3
もう勉強したくないよ！
ぽい

なんで勉強なんかしなきゃいけないの？
えっそんなこと
言われても
勉強なんてつまんないよ！
ウワ
ゴゴ…
もっとゲームみたいならいいけどさあ
ガシッ
お母さんしっかり！
僕らは勉強を好きになる技術を伝授する戦隊ARCS《アークス》！
僕たちが来たからにはもう大丈夫！
Reason
Confidence
Satisfaction
ARCS…！
ギュウ ギュウ
押さないで〜
わわわ
落ちる〜
……
お母さん戦隊が机の上にいるよー
突如伸藤親子の前に現れた戦隊ARCS。果たしてその正体は!?

1章 Attention ～勉強に「ワクワク」させる～

2章 Reason～勉強に「やりがい」を感じさせる～

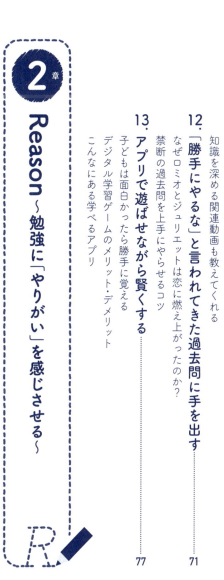

3章 Confidence～「自分もできそう」と思わせる～

4章 Satisfaction ～「勉強してよかった」と実感させる～

装丁デザイン：西垂水敦・市川さつき（krran）
装丁イラスト：川添むつみ
本文デザイン：伊延あづさ・佐藤純（アスラン編集スタジオ）
本文イラスト：吉村堂（アスラン編集スタジオ）

1章

Attention
～勉強に「ワクワク」させる～

マナブー
おーい、一緒に宿題しよう！
おりておいでー
えーっ
ゲームやってるのにー
じゃあ次の問題も解いてごらん
えー…
うーんこれは〜
そうそう
待ってるからねー
うー
ガサ
10分後
そろそろ解けたかなっと
もくもく
ひょっ
あーっ
ラクガキだらけ!!
バッ
ビクッ
こういうのにはこんなに詳しいのに……
バサッ
さんすうノート

そんな時は
僕に任せて！
戦隊ARCSの
「A」がお答えしましょう！
Aって何?!
戦隊キタ
!!!
わはははは
さあマナブ君
クイズをしようか
クイズ?!
クイズ大好き!!
算数クイズだよ
準備はいいか？
もちろんさ！
さあ、来い！
いきなりノリノリ
!!!
いくぞー
Attention

1．算数を「パズル」と呼ぶ

「勉強は勉強、遊びは遊び」——そこには明確な境界線があると思っていませんか？

もしそうだとしたら、大きな誤解です。心当たりがあるなら、今日からその思い込みを捨ててしまいましょう。なぜなら、その心理的な境界線をなくすだけで、子どもは自分から「やりたい！」と言い出すことがあるからです。

じつは「勉強」と「遊び」は名前が違うだけで、内容に差はありません。

「勉強」＝強制されてやるもの
「遊び」＝自分からやるもの

そんなイメージの違いがあるだけです。強制されて何かするのは、それが何であれ面白いわけがありません。

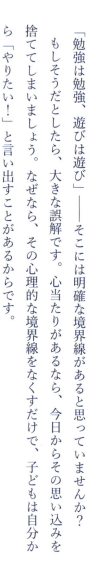

根本的な解決策としては、「勉強」に対して強制されるものというイメージを持たせないようにすることです。しかし、それは簡単なことではありません。

そこでオススメなのが、「名前」を変えてしまうことです。つまり、**「勉強」に対して、「遊び」というレッテルを貼る**のです。

大人も簡単にだまされる名前の変更

勉強の呼び方を変えるだけなんて意味あるの？ そのように疑問に思うのももっともです。勉強内容が面白いか面白くないかは、やってみなければわかりませんが、残念ながら多くの子は、それ以前に見た目や名前から「面白くなさそう」と判断して手に取っていないのです。だから、まずは手に取らせるための工夫から始めなければいけません。そのためには、「名前」から変えるのが効果的なのです。

実際に世の中には、名前を変えただけで多くの人が手に取ってくれるようになった事例があふれています。例えば、ある靴下は名前を変えただけで売上が17倍に増えました。国内トップの靴下メーカーであるオカモトが、その技術を結集して開発した新商品が

２０１３年に発売されました。その名も『三陰交をあたためるソックス』。その時はあまり売れなかったので、15年に『まるでこたつソックス』と名前を変えてリニューアルしたところ、売上本数は17倍以上となったのです。

ほかにも、ネピアの高級ティッシュ『鼻セレブ』も、当初の『モイスチャーティシュ』から名前をリニューアルしたことで10倍以上も売上が伸びました。人は名前を変えるだけで、「それ、よさそう」と思ってくれるものなのです。

「勉強」の名前をリニューアル

実際に私たち伸学会の塾生にも、小４にしてすでに勉強ギライをこじらせているＳ君という子がいました。日頃からお父さんお母さんから

「勉強しろ！」と言われ続け、勉強に対して悪いイメージを抱えてしまっていたのです。

塾に来ても「算数をやろう」と言うと、「ヤダ、やらない」と話も聞いてくれません。そこで、その子に「図形パズルをやろう」と言って同じ問題を渡したところ、「やる！」とあっさり食いつきました。その子がクリアできるレベルで少しずつやらせたところ、だんだん楽しくなってきたようで、すっかり〝図形パズル〟好きになってくれました。

この「名前リニューアル」は、ご家庭でも簡単にできるテクニックです。なにしろ内容は変えなくてもいいのですから。「算数」は「パズル」に、「理科」や「社会」は「クイズ」に、どんどん名前をリニューアルしていきましょう。問題の出し方もテレビのクイズ番組のように、楽しく盛り上げればなお効果的です。「デデン♪」と効果音つきで出題するとより楽しいですね。

まとめ

子どもは名前に対する印象で物事を判断しがち。それを逆手にとって、勉強に楽しそうな名前をつけてしまおう。

2. キリの悪いところで勉強を終わらせる

「勉強をキリのいいところまで終わらせてから遊ぼうね」

こんなセリフをいつもお子さんに言ったりしていませんか？

それはもったいない！　今後はお子さんがまだ続けたいと思っているうちに、「時間になったから」と言って終わらせましょう。なぜなら、**キリの悪いところで終わったほうが、子どもの「もっとやりたい」を引き出せる**からです。

☑子どもは続きが気になる生き物

なぜキリの悪いところで終わったほうがやる気になるのか？　それは、人間には「未完了のタスクのほうが、完了済みのタスクよりも気になる」という性質があるからです。これを「ツァイガルニック効果」と言います。

例えばあなたも、テレビを見ていて盛り上がってきたところで「続きはCMの後で！」となって、イライラもやもやした経験がないでしょうか。アニメだってドラマだって、続きが気になる中途半端なところで終わって、次回が見たくなるように作られています。

特にゲームは、キリがいいところをいかに作らないか工夫されています。「キリのいいところでゲームを終わりにしようね」と約束したのに、いつまでたってもゲームを終えないわが子に裏切られた気持ちになったことはありませんか。でも、お子さんの行動は当然です。なぜなら、ゲームにキリがいいところなんてないからです。だったら、ゲームと同じことを勉強でもやればいいのです。

☑時間を細かく区切って集中させる

そこでオススメしたいのが、**時間を細かく分けてタスクを順に切り替えさせる**ということ。どれくらいの時間にするかは、お子さんの年齢によって決めてください。幼児期の子どもは、年齢＋1分程度しか同じ作業に集中力が持続しないと言われています。小学校高学年の子でも15～30分が限界でしょう。ですから10～20分くらいを目安に調整するといい

「もっとやりたい」タイミングで終わらせる

でしょう。

例えば、私たちが行っている小学生向けのパズルの授業では、「タイムアタック系のパズル（10分）」→「先生のお話（10分）」→「じっくり考えるメインのパズル（20分）」→「対戦パズル（10分）」といった構成で授業をしています。それぞれのパートで「もっとやりたい」というタイミングで終わらせ、次週の授業を楽しみにさせています。

お子さんに「もっとやりたい」と言われたら、嬉しくなってやらせたくなるかもしれません。しかし、そこで満足してしまうと、その後「またやりたい」となりにくくなってしまいます。

ですから心を鬼にして、「今日の時間はここまでだから、また今度ね」と言って、次のタスクに進みましょう。

敵はあなた自身の中にもいる

お気づきかもしれませんが、お子さんが続きを気になるように、親も子どもの勉強がキリのいいところまで終わっていないことが気になってもやもやします。だからこそ、これまで「キリのいいところまでやりなさい」と言ってきたのですから。

ここはどちらを選ぶかを迫られているのです。自分がスッキリすることか、子どもにもっとやりたいと思わせることか。親としてスッキリしたい気持ちに打ち勝つことができれば、お子さんを勉強好きへと一歩進めさせられるのです。

まとめ

勉強は子どもが「もっと続けたいのに…」というタイミングで打ち切ろう。そのタイミングをたくさん作るために、勉強を短時間に分けよう。

3．親も子どもの前で勉強しよう

「家にいるときは、できるだけ子どもの遊び相手になろう。自分の勉強や仕事は子どもが寝静まったらしようかな」

そう考えている親御さんは多いもの。でも、それはもったいないことです。

お子さんと一緒にいる時間がとれるときは、あえて一緒に遊ぶのではなく、子どもの前で勉強しましょう。じつは**親が勉強している姿を見せるのは、お子さんを勉強好きにする有効な方法**なのです。なぜなら、子どもは大人のマネをしたがるからです。

☑子どもは好きな人のマネをしたがる

人は無意識に他人のマネをしたくなるようにできています。誰かが食べている美味しそうなものを自分も食べたくなったり、家族がテレビを見ていたらなんとなく自分も一緒になって見始めてしまったり。他にも、悲しんで泣いている友人から、もらい泣きしてしまったという経験がある方もいるのではないでしょうか。子どもの場合は、友達が持っているおもちゃを自分もほしがることが多いですよね。

こういったことは人間の脳の無意識の働きとして起こることです。これを心理学では「目標感染」と呼びます。この目標感染は、家族や友人など親しい間柄だと特に起こりやすいとされています。

ハーバード大学のニコラス・クリスタキス教授による調査と研究によれば、目標感染によって肥満が感染症のように広がるという事実も確認されています。ある人の友人が肥満になった場合、その人が将来肥満になる危険性は171％も増加したそうです。「食べる」という行動をマネすれば、結果として一緒に肥満になるというわけです。

☑勉強好きをお子さんに感染させる

もう、おわかりですね。肥満が感染するのであれば、「成績優秀」も感染させられます。「勉強する」という行動をマネしていれば、結果として成績は優秀になるものです。**あなたがお子さんの前で勉強すること、それもイヤイヤではなく積極的に楽しんですることは、子どもにとって最高のお手本となります。**子どもが反抗期を迎える前の1ケタの年齢のうちであれば、特に効果は絶大です。

逆に**あなたが勉強や仕事に対して後ろ向きで、常日頃からグチを言ったりネガティブな姿勢を見せたりしていれば、子どもはどんどん勉強を嫌いになります。**将来の就職・仕事に対しても、暗い想像ばかりするようになります。もし、ご自身を振り返って思い当たるふしがあれば、まずは自分のマインドを変えることに取り組みましょう。

まとめ

子どもの前で勉強しよう。決まった時間にリビングに集まって、家族全員で勉強する習慣を作るとより効果的。

4. 宿題をゲーム化する4つの要素

周りの子はみんな宿題をきちんとこなしているのに、うちの子は全く机に向かわない…。理由を聞くと、「だって宿題はつまらないじゃん」。そうは言っても、それでもやるのが当たり前のはず。「いいからやりなさい」と言っても、「はいはーい。後でね」と受け流されるだけ。親の焦りは募るばかり…。

ご安心ください。塾講師である私も、同じ焦りを感じることがあります(笑)。もちろん、焦ってはいるけど、何もせずおしまいではありません。私たちは宿題をゲーム化して、楽しく取り組めるようにしています。その方法を説明するために、ゲームと勉強の違いをお話しします。

☑ゲームにあって勉強にないもの

つまらないから勉強したくない。その気持ちはもっともです。ならば、楽しくしてあげましょう。勉強だって、ちょっとした設定をしてあげるだけでゲームに早変わりします。

ゲームに必要な要素とは何でしょうか？　私は次の4つだと考えています。

①新鮮な刺激がある
②クリアすべきミッションがある
③簡単すぎず難しすぎず、ちょうどよい難易度である
④素早い反応がある

じつは、順に「ARCSモデル」になっています。ゲームはちゃんとやる気を引き出す仕組みが整っているから、子どもはハマるのです。逆に言えば、この要素を揃えれば勉強をゲーム化して子どもをハマらせることも可能なのです。以下、詳しく見ていきましょう。

①新鮮な刺激がある（A）

新たなダンジョンに挑むのか、トーナメントを勝ち進むのか――楽しいゲームに目新し

い刺激はつきものです。計算ドリルや漢字ドリルといった変わり映えしないものは、この点からして減点です。どのように新しい刺激を与えられるか、工夫の見せ所です。

②クリアすべきミッションがある（R）

魔王を倒して世界を救う、一緒にプレイする友達より先にゴールにたどり着く、ボールをゴールに蹴り込む――ゲームにはわかりやすい目標があります。勉強でも、「受験に合格する」のように明確な目標があると子どもは盛り上がります。しかし、そういった目標もなく、計算ドリルや漢字ドリルをただただやらされるのは、子どもにとって苦痛でしかありません。

③簡単すぎず難しすぎず、ちょうどよい難易度である（C）

人は勝負が好きなのではありません。勝つことが好きなのです。ですから、負けてばかりではやる気を失います。なかなかクリアできない高難易度なミッションが好きなのはコアなファンだけ。ライトユーザーにいきなりやらせることではありません。お子さんには、くれぐれもいきなり〝無理ゲー〟な課題を出さないようにご注意を（このあたりの詳細は

３章でお話しします）。

④素早い反応がある（S）

人は飽きっぽい生き物です。結果が出るまでに時間がかかると、どんどん興味を失っていきます。テレビゲームは、１つのミッションにかかる時間は数分～10数分程度で、クリアすれば祝福の画面がすぐに表示されます。野球やサッカーは、試合の結果が出るまでに数時間かかりますが、得点状況はすぐにスコアボードに表示され、どっちのチームが勝っているかは常にわかります。結果が出る前から、結果に対して期待をあおり続けます。

それに比べると勉強は、テストを受けて結果が出るまでのタイムラグが長いです。短くても数日かかります。ここは改善すべきポイントです（この点に関しては４章の２２０ページを参照してください）。

以上の４つの要素を取り入れて、宿題をゲーム化しましょう。

まとめ

ゲームが備えている「ＡＲＣＳモデル」を参考にして、このフレームを守って勉強もゲーム化しよう。

5. つまらないドリルをすごろくゲームにする

「勉強をゲーム化しろと言われても、いいアイデアなんて思いつかない！」。
そう悩まれる方も多いでしょうから、具体的なゲーム化の例を見てみましょう。

勉強の進捗管理のために、表を作成して記録を残すことは、多くのご家庭でやっていることかと思います。表によって頑張りが可視化されれば、やってよかった（S）という気持ちになります（詳しくは4章「S」のところで）。このときにもうひと工夫すると、面白み（A）が追加されるので一石二鳥です。私が担当する6年生の算数の授業で、実際にやっている取り組みをご紹介しましょう。

☑サイコロと得点表を取り入れよう

伸学会では『下剋上算数（基礎編）』という参考書を各ご家庭で購入いただいて、宿題として取り組んでいます。このテキストは出来がとてもよく、偏差値55程度までの学校で、小問集合として入試に出そうな問題が揃っています。このテキストを各回80点以上の合格を出せるまで繰り返し演習すれば、ある程度の学校は合格できる力がつくという優れものです。

しかし、このテキストには取り組む上での大きな2つのハードルがあります。それは「見た目の威圧感」と「飽き」です。1ページ10問のテストが100セット。100回のテストは、子どもにとっては気が遠くなるような天文学的な数字です。パッと見たテキストの厚みもなかなかです。

ここをグッとこらえて始めると、次のハードルに出会います。それが「飽き」です。無味乾燥な10問のテストをひたすら続けると、30回くらいでいったん手が止まります。毎回毎回40点を90点にする作業を続けているのです。問題の見た目も変わらなければ、成長の実感もないのです（生徒が気づかないレベルで少しずつ難易度は上がっていますが）。

見た目の威圧感と飽きというハードルを乗り越えるために効果的なのが、「サイコロ」と「得点表」です。

サイコロは昔生徒に正多面体を説明するために買った、正二十面体、正十二面体、正八面体、立方体、正四面体のサイコロを使いました。まず正二十面体サイコロを生徒に渡して、得点表の上ですごろくをさせるところからスタートです。

得点表は100回までであります。サイコロを振って出た目が16なら、まずは第16回を解きます。次に12の目が出たら、16＋12で第28回を解きます。サイコロを使うという目新しさでAttentionを刺激しつつ、ゴールを目指すというミッションを与えてReasonを刺激しました。

これで100回を超えてゴールしたら、サイコロの交換です。正二十面体→正十二面体→正八面体→立方体→正四面体と、徐々に目を少なくしていくと、ゴールに時間はかかりますが、サイコロを交換する楽しさも合わせて、すんなり乗ってくれました。

	テスト内容	1	2	3	4	5	6	7	8	9	10	小計	合計得点
サンプル	01～10	100	80	90	100	80	80	80	80	100	80	870	3840
	11～20	80	80	100		100		100	100		90	650	
	21～30			80	90		90			100		360	合格数
	31～40	100		100		80			90		90	460	43
	41～50		90	100					80			270	
	51～60	100				80		100				280	レベル81
	61～70			100					80	90		270	
	71～80	80				100				100		280	
	81～90			80			80				80	240	
	91～100		80						80			160	

※レベル設定については次項を参照。

この形式で得点表を進めると、端から徐々に得点表が埋まっていくのではなく、全体的にまばらに埋まっていく状態になります。すると、ゲームらしさによる楽しみ以外にも、2つのメリットが生じることがわかりました。

1つは、まばらに埋まっていくと、なんとなくたくさん解いているように見えること。すると、自信をつけた子どもはどんどん解き進めようとします。

もう1つは、完全に想定外でしたが、まばらに埋まっていくと、隙間を埋めたくなるのです。気づけば、子どもたちはすごろくなしで解くようになっていました。結果、私の子想ペースより早く解き終えることができたのです。
ぜひ、ご自宅でのドリル学習に取り入れてみてください。

まとめ

どこから始めても大して変わらなければ、ドリルの問題をサイコロで決めよう。サイコロがなければ、くじ引きやあみだくじでもOK。

6. 成長を数値化して自分育成ゲームにする

ゲーム化って難しそう…そんな悩みは晴れてきたでしょうか。ちょっとした工夫で、十分ゲームになることがわかっていただけたと思います。

努力をムダにしない育成ゲーム設定

すごろく化の次の取り組みとして成功したのが、育成ゲーム化でした。やり方はシンプルです。得点表のスコアを使って、ゲームキャラクターのようにレベルを計算することにしたのです。すると、先ほどのすごろく的な「何が当たるか」というワクワク感以上に、テストで良い点数を取ることにメリットが生まれました。面白さ（A）だけでなく、やりがい（R）が生まれたというわけです。

ゲームの設定はそれほど難しくありません。合格点を決めて、合格した数だけレベルが

伸藤マナブ		①	②	③	④	⑤
		100	92	92	92	100
		⑥	⑦	⑧	⑨	⑩
		88	92	96	96	100
		⑪	⑫	⑬	⑭	⑮
		96	100	96	96	92
レベル	19	⑯	⑰	⑱	⑲	⑳
HP	1904	96	96	92	92	100

上がるというだけで十分ゲームになります。

上図は、全20回の漢字テストで、合格数をレベルに、点数の合計をHPにして集計したものです。

ここでは合格点を90点に設定し、合格した回はグレーに色づけしています。合格の数が増えてレベルが上がるごとに、強いモンスターのアイコンをつけたところ、子どもたちは大盛り上がりしました。

もう少し応用的なルールにもできます。算数では、レベルアップの基準を2つにしました。

「合格点クリア」によるレベルアップに加えて、問題を解いた得点による「経験値の累積」

によるレベルアップも追加。経験値が100点分集まるとレベルアップとしました。例えば60点、60点、90点と取ると計210点となって経験値によるレベルアップが2つ、合格点によるレベルアップが1で、合わせてレベル3に昇格ということです。こうした基準で、どれくらいレベルが上がったかを逐一生徒に報告しながら、成長の実感を与えました。

このような設定にした意味は、難易度バランスの調整です。合格数だけを数えるルールでは、不合格になるとムダな努力だったと思い込みがちです。漢字テストに比べて、算数のテストは時間もかかり大変なので、ムダだったとなるとガッカリ感も大きくなり、次にまたやろうという気が起こりにくくなってしまいます。

そこで、20点でも10点でも経験値としてカウントすることにしたのです。10点のテスト10回分でも、レベルが上がります。このような「まだまだ弱いときの努力」を拾う難易度バランスも、ゲームには必要です。

合格もレベルアップにカウントされるので、100点取れればレベルアップのペースが当然早まります。最初は不合格テストの寄せ集めでレベルを稼いでいた生徒も、新しいものをたくさん解くより、不合格だったテストを合格レベルにするほうが効率がいいことに気づいていきます。こうして、レベルを上げたい一心で、良い学習をするように仕向けることができました。

模試の成績は、毎回出題範囲が変わる上に、難易度もバラツキが出ます。他人との勝負でもあるので、自分の努力がストレートに成果に出るわけではありません。波のように揺れる模試の結果の前で、成長の実感が全くない日々を過ごすと、子どもはやる気を失います。それよりは、**毎日の宿題を数値化して、レベルアップを楽しむゲームにしてしまいましょう。**宿題を楽しくやり込めば、模試の結果もついてくるはずです。

まとめ

学習にレベルアップ設定を取り入れる。
どんな努力でも、必ず反映されるようにして気持ちいいスタートを切る。

7．ポジティブな行動に点数をつけて記録する

勉強を遊び化する方法として、サイコロを使ってすごろく化したり、テストの点数を経験値に見立てて育成ゲーム化したり、といったことを挙げました。この項ではもう一歩進んで、点数をつけることで、あらゆる行動がゲーム化できるということをお伝えします。

☑子どもは「負けたくない」より「勝ちたい！」

「負けたくない」と「勝ちたい」の違いは何でしょうか？

「負けたくない」の意味は、「勝ち」↓ＯＫ、「引き分け」↓ＯＫ、「負け」↓ＮＧ！

「勝ちたい」の意味は、「勝ち」↓ＯＫ、「引き分け」↓ＮＧ、「負け」↓ＮＧ！

つまり、「引き分け」がＯＫかＮＧかという点に違いがあります。

そしてもう1つ、そもそも「勝負がない」という場合も、ＯＫかＮＧかで分かれます。「負

けたくない」のであれば、「勝負がない」のは良い状態です。勝つこともありませんが、負けることもありませんからね。運動会の短距離走で、みんな仲良く手をつないで一緒にゴールするのは、負ける子がいない最高の状況です。

しかし、多くの子はそれを楽しいとは思いません。運動会で盛り上がるのは、やはり組体操よりも騎馬戦やリレーと相場が決まっています。短距離走も、手をつないでゴールより全力で競走したがるもの。つまり、みんな「負けたくない」のではなく、「勝ちたい」のです。勝利を求めているのです。勝ち負けがなければ面白くありません。

では、考えてみてください。お子さんが日々取り組む「勉強」は、何をしたら勝利になるのでしょうか?

☑行動に点数をつければ自分との勝負が生まれる

子どもはテストのときには必死に問題を解きますが、家での勉強はイヤがります。でも、それは勉強だけの話ではありません。テニスでも野球でも、試合は必死に頑張りますが、

良い行動をほめて、悪い行動を減らす

家での素振りは面倒くさがってなかなかやらないものです。家での練習をちゃんとやるのは、本気で勝つために準備しようと思い始めてからです。塾に通い出したばかりで、野球やテニスを始めたばかりで、自主的に練習に取り組むことは期待できません。

そこでオススメなのが、勉強や素振りといった〝家での練習〟に点数をつけること。体操やフィギュアスケートが「○回転ジャンプで基礎点○点」とルールで決まっているのと同じように、**お子さんの行動を評価の対象にしてしまう**のです。

例えば30分勉強したら1ポイント、5問

解いたら1ポイントなどと評価のルールを決めて、集計しましょう。日々記録していけば、その変化が見られます。そして、そこに勝負が生まれます。点数が伸びれば、それは以前の自分に〝勝利〟したことになります。このようにすれば、あらゆる行動をゲーム化することができるのです。

☑ポジティブな行動を評価の対象にする

ここで気をつけてほしいのは、評価はポジティブな行動に対して行うこと。**良い行動をほめることは、それと反対の悪い行動を減らす最良の作戦です。**悪い行動を指摘して叱っても、人はなかなかやる気にはなってくれないからです。

例えば伸学会では、遅刻した回数を数えるよりも、時間通りに来た回数を数えるほうが、結果として遅刻を減らすことにつながりました。宿題忘れの数を数えるよりも、宿題提出の数を数えるほうが宿題の提出が増えました。テレビを観た時間を計るよりも、勉強時間を計るほうが、テレビの時間が減って勉強の時間が増えました。ポジティブな面に注目するようにすることが、やる気を引き出すことにつながるのです。

勝利には祝福が必要です。詳しくは4章で述べますが、勝利の祝福が次へのさらなるやる気につながります。子どもを動かしたいのであれば、お子さんの勝利を祝福しましょう！

まとめ

行動に点数をつけることで、あらゆる行動をゲーム化できる。子どもの良い行動に点数をつけて、点数が伸びたらお祝いをしよう！

8.スーパーで買い物しながらクイズを出す

勉強は塾や家で机に向かってするものだ。多くの子も大人も、そう考えています。しかし、これは残念な誤解です。少なくとも私たちが専門とする中学受験では、机以外の場所で吸収する学びが、模試での成績や受験の合否に大きく影響しています。そして、それが中学・高校・大学といった、その先のより深い学びにもつながっていくのです。それには、3つの理由があります。

☑中学受験の理社は難しくない

難関校の中学入試問題は難しいとよく言われます。確かに算数は大人でも苦労しますし、国語の読解も難解なものが多いです。しかし、理科、社会においてはそのイメージは間違っています。**理社で理解できないほど難しい内容が聞かれることはレアケースで、ほとんどの場合は、出題範囲が広すぎて覚えきれていないだけ**なのです。「理解できない」と「知らない」は全然別物ですよね。

☑1回の授業よりも繰り返されるスーパーでのクイズ大会

要するに、理社の勉強は覚えるのが大変なだけ。じゃあ、覚えるにはどうしたらいいか？ それは、もちろん回数をこなすのが一番です。

一般的な塾のカリキュラムは、第1回「九州地方」、第3回「農業」、第5回「水溶液の分類」などとなっていて、週ごとにその内容を覚えきらねばなりません。しかも、この量が結構多いのです。難しいわけではないが、とにかく多い。何度も繰り返す時間的な余裕がありません。そこで、オススメしたいのがスーパーでのクイズ大会です。

いずれは、各地方の農作物は覚えなければいけないとわかりきっています。そして、それらはスーパーに行けばゴロゴロ並んでいます。「このピーマンはどこの都道府県のものでしょう？」「この豚肉はどこの…？」、こういったクイズをお子さんと買い物に行くたびに出題していれば、自然といろいろなものの産地を覚えていきます。

スーパーの買い物でクイズを出そう

入試では生産高の順位を聞かれることもあるので、せっかくならそれも覚えてしまいたいですね。安心してください。あなたが答えを覚えている必要は全くありません。「ピーマンの生産高1位はどこでしょう？」と子どもにクイズを出した後で、答え合わせは「HEY！SIRI！」「OK！グーグル！」とスマホに呼びかければいいだけです。お子さんに「知らないことは調べる」という姿を見せましょう。

それにも飽きてきたら、「今日は北関東の食材で料理をしたいと思います。群馬・栃木・茨城の食材を探せ！」というように、逆に聞いても面白いですね。

イメージしやすいようにスーパーを例に出しましたが、あくまでも一例です。スーパー以外にも、空を見上げれば月・星・太陽・天気、街を見渡せば植物・昆虫、台所を探せば酢酸・重曹・塩酸（洗剤）など、受験に出る理科の要素はたくさん転がっています。

これらをネタにクイズを出せば、立派な勉強になります。しかも、子どもにしてみればちゃんと楽しい遊びになるわけです。

☑ザイアンス効果で理社好きにする

日ごろから日常生活の中で様々な受験知識に触れておくと、お子さんは自然といろいろなことを覚えてしまいます。もちろん直接受験で聞かれる内容もあれば、受験で聞かれないただの雑学もありますが、どちらでも構いません。いろいろなことを幅広く知っているということが大切なのです。

なぜなら、人には「知っているものは好きになる」という性質があるからです。これは、アメリカの心理学者ロバート・ザイアンスによって提唱された「ザイアンス効果」としてよく知られています。ブランドでも、認知度が高いものはそれだけで高品質に感じてしまうというのは有名な話です。

あなたのお子さんも、もともと知っていた内容と関連することを学校や塾の授業で見聞きしたら、「あっ、それ知ってる！」「好き！」「楽しい！」となっていきます。

そして、ある程度いろいろなことを知っている得意意識と相まって、授業に自信と興味を持って取り組むようになるでしょう。そうなればしめたもの。小学生の段階で理社が好きになれば、その先の中学・高校での高度な理社も楽しんで学んでくれるようになります。

また、現実的な受験対策ということで考えても、効果は大きいのです。早めに理社の知識を覚えておくと、受験勉強が本格化する5・6年生のときに、学習時間を算数、国語の勉強に投資できます。ですから、算国の成績の向上にも間接的につながってくるわけです。

まとめ

身の回りのもので、理社の学びにつながる「クイズ大会」を日々行おう。親が答えを知らなければスマホで調べよう。

9. お手軽な知育おもちゃで一緒に遊ぶ

ここまで書いてきたことで、勉強と遊びには、内容の境界はないということがおわかりいただけたのではないでしょうか。楽しければ、それは何でも遊びになるのです。必要なのは、遊びにするための工夫だけです。

しかし、そうは言っても、なかなかその工夫が思いつかないものですよね。確かに、勉強をゲームとして成立させるルールを考えて、子どもがやる気に燃えるような適度な難易度設定にして、というのは面倒くさい。そんな方にオススメしたいのが、知育おもちゃです。プロの手で楽しく学べるように工夫されているので、買って遊ぶだけで手軽にできます。

知育おもちゃって、どんなもの？

知育おもちゃは大きく分けて、「知恵」を身につけるものと、「知識」を身につけるものがあります。「知恵」を身につける知育おもちゃの代表例はパズルやブロック。図形的な感覚を養ったり、大きさの感覚を身につけたりできます。

歴史上の人物をトランプで遊びながら覚える
（写真提供：日本親勉アカデミー協会）

知識を身につける知育おもちゃの代表例は、かるた・トランプ・カードゲームといったものです。題材次第で、歴史人物・地理・ことわざ・慣用句・部首・星座・植物のつくり・人体のつくりと、身につけられる知識は多種多様です。

もちろんバランスよくやることがベスト。特に、図形や大きさの感覚といった知恵は、身につけるのに時間がかかります。早い時期からスモールステップで少しずつ育てていくといいでしょう。

ただし、知恵のおもちゃは子どもの脳の発達段階によっては、やらせるのが困難な場合も多くあります。例えば、立体的な図形の感覚は、年長・年中くらいの子だと特に難しいですね。そうなると、「できないから楽しくない」となり、遊びとして成立しません。ちょうどいいレベルをはかるのは、多くの子どもを見てきた私たちでも、気を使って様子を観察しなければならず大変です。

ですから、**どちらか迷ったら「知識」のおもちゃを選びましょう。** 4~5歳くらいの未就学児の子があっさり47都道府県をすべて覚えてしまったりします。中学受験に出るような歴史上の主要人物も50人くらいはラクラク覚えてしまいます。そのように成果が見えやすいと、親としてのモチベーションにもつながりやすくていいですね。「うちの子、天才かも♪」といった気分が味わえます。

遊びで覚える時点では、深い知識である必要はありません。断片的でも構いません。とにかく知識を増やしてしまえば十分です。

予習は「好きになる」「覚えやすくなる」効果がある

☑「予習するな」は学習の非常識

脳の記憶メカニズムが、ネットワークになっているのはご存知でしょうか？　記憶はもとからある知識とつながり、結びつくと覚えやすくなり思い出しやすくなるのです。そして、知っていることが増えれば、つなげる先が増えることになります。

だから、先に知識を増やしておくと、後から新たな知識を結びつけていくのがとてもラクになります。ですから、**予習には「好きになる」効果だけでなく、関連知識を覚えること自体が簡単になる効果がある**のです。

多くの塾では「予習はしないでください」と言われています。これから説明しようとしているところを「あ、それ知ってる!」と言ってしゃべり出そうとする子がいたら、確かに授業しづらい先生もいるかもしれませんね。

しかし、学習のコツからすると、これは大間違いです。先々の学習の種まきだと思って、受験に出そうな知識で遊びまくってしまいましょう。そして、いろいろな知識を持った子にしてください。

☑子どもを楽しませるコツは、あなたも楽しむこと

知育おもちゃは、買ってはみたものの、なかなか続かないというのがよくあるお悩みです。これを克服するには、親であるあなた自身が一緒に楽しむことがとても大切。楽しさは「何をするか」よりも、「誰とするか」で変わるものです。

買い与えて「自分ひとりで遊んでね」では、子どもは楽しくありません。大好きなお父さんお母さんと遊びたいのです。逆に言えば、**親御さんがノリノリで楽しく一緒に遊んで**

くれれば、選んでもらった知育おもちゃは最高の遊びになります。それで、お子さんがどんどん賢くなっていくのが感じられたら、あなたも遊び相手になるのが楽しくて仕方ないことでしょう。

まとめ

子どもはお父さん・お母さんが一緒に遊んでくれれば、何でも楽しんでやる。知育おもちゃで遊んで、気づいたら賢くなっているように誘導しよう。

10. おでかけは科学館や博物館で〝遊ぶ〟

仕事がお休みの日、疲れた体を癒したいのに、子どもは「どこか遊びに連れて行ってほしい！」と言います。仕方なく連れて行ったのは、夢と魔法の王国。

しかし、そこにあるのは待ち時間90〜120分という現実です。長時間並んでも、アトラクションの楽しい時間はわずか数分…。トイレに行こうとしたら、またもや大行列にぐったり…。そして、疲れてぐずり出すわが子…。

「お前が行きたいと言ったんだろうが！」と怒鳴りたい気持ちをグッとこらえ、子どもをなだめます。無事に家に帰って気づけば、日曜はもう終わり…。親子の間に残ったのは疲労感だけでした。

少し極端な例かもしれませんが、せっかくの休日なのにこれに近い経験をされたことは、みなさんにもあるのではないでしょうか。そこで、オススメしたい休日の過ごし方が、科学館や博物館に遊びに行くことです。

なぜ、子どもと科学館・博物館に行くべきなのか?

科学館や博物館がオススメなのは、次の3つのシンプルな理由があるからです。

①体験は記憶に残りやすい
②親にとってのおトク感と満足感
③難関校の入試対策につながる

①体験は記憶に残りやすい

これは記憶のメカニズムの問題です。人間は、「知識」よりも感情が動いた「エピソード」のほうが記憶に残りやすくできています。テキストを何度読んでも覚えられなくても、こういった科学館・博物館で見て聞いて触って体験したものはすぐに覚えて、しかもなかなか忘れません。早いうちから、いろいろ連れまわしてあげれば予習はバッチリです。

②親にとってのおトク感と満足感

「勉強になるから行こう」ではダメですが、「遊びに行こう」と言えば子どもはのってくるもの。繰り返しになりますが、あくまで「遊び」と称し、楽しくなる工夫さえすれば、どこでも楽しんでくれるのです。お子さんにしてみれば行き先が遊園地でも科学館でも博物館でも大差ありません。しかし、親であるあなたには大きな差が生まれます。

まず、科学館や博物館は費用が段違いに安く、チケット代はだいたいどこも夢と魔法の王国の5分の1以下。さらに、混雑度も段違いで、90分待ちなどあり得ません。

そして大きいのが、子どもに勉強させているという手ごたえです。①で書いたように、帰った後に子どもの中に大事な知識が残ったことで、あなたのテンションはグッと上がることでしょう。遊園地では得られないものです。

③難関校の入試対策につながる

いまどきの中学受験の入試は、考えさせる面白い問題が揃っています。そんな出題をする学校の代表格が、麻布中学校です。特に社会の問題は面白く、毎年ある1つのテーマを

科学館・博物館は体験記憶がおトクに得られる

掘り下げて、そこに地理から歴史、公民まで単元を横断して様々な知識と思考力が試されます。例えば、２０１８年のテーマは「感情」でした。

また桜蔭中学校も、地理・歴史・公民で大問が分かれてはいますが、それぞれで１つのテーマを掘り下げています。２０１８年の入試問題では、「感染症」をテーマに古代から近代までを掘り下げています。

一般的な塾のカリキュラムで、単元ごとにぶつ切り学習をしているだけでは、こういった入試問題には対応できません。そこでオススメなのが科学館・博物館なのです。

例えば、ガスの博物館「がすてなーに」であれば、ガスをテーマとして様々な角度から無料展示を行っています。ガスの歴史から、ガスを利用した発電、都市計画、環境問題まで、多種多様です。こういった1つのテーマを別の角度から見ることで、難関校の入試に対応する思考力を養うことができるのです。

このように科学館・博物館には、遊園地以上に良い点が3つあります。お休みの日に遊びに行く先として、候補に入れておいてくださいね。

まとめ

科学館・博物館に遊びに行くと、お金もかからず、混雑でぐったりすることもない。その上、子どもにはしっかり知識と思考力が身につくので、積極的に活用しよう。

11. YouTube動画で学ばせる

最近の子どものなりたい職業ランキング上位にYouTuberが入っていることが話題になりました。それに対して眉をひそめている大人も多いようですが、あなたもその1人だったりしないでしょうか。

確かに体を張ってバカなことをしているYouTuberに対して、ネガティブな気持ちになるのはわかります。しかし、それによってYouTubeすべてに拒否感を抱いてしまっているとしたら実にもったいない。

テレビでも、芸人がバカげたことをするバラエティーもあれば、NHKのEテレやドキュメンタリーのように教養が身につく番組もあります。同様に、YouTubeも教養が身につくものはたくさんあるのです。下手にお子さんを遠ざけるより、YouTubeの活用方法を教えるほうが生産的ですよね。

YouTubeが企業として目指しているもの

YouTubeは営利企業なので経営を成り立たせるために、視聴率が取れる〝面白いもの〟が集まる仕組みを作っています。しかし一方で、「動画は、教育や理解形成の場をもたらし、世界中の出来事を規模の大小にかかわらず記録できる強力なツールであるとYouTubeは考えます」と理念の中で宣言しています。

そして実際に、教育や理解形成の場としてふさわしいコンテンツと機能が日々充実していっています。正しい活用法を小さいうちに身につけておけば、楽しく学んでドンドン知識をつける子になるでしょう。そういった子どもに育てたいものです。

私たち伸学会でも子育てハウ・トゥーの動画をアップしていますが、YouTubeはそういった目的で使おうとすると、実に便利な機能がたくさんついています。それらを簡単にご紹介します。

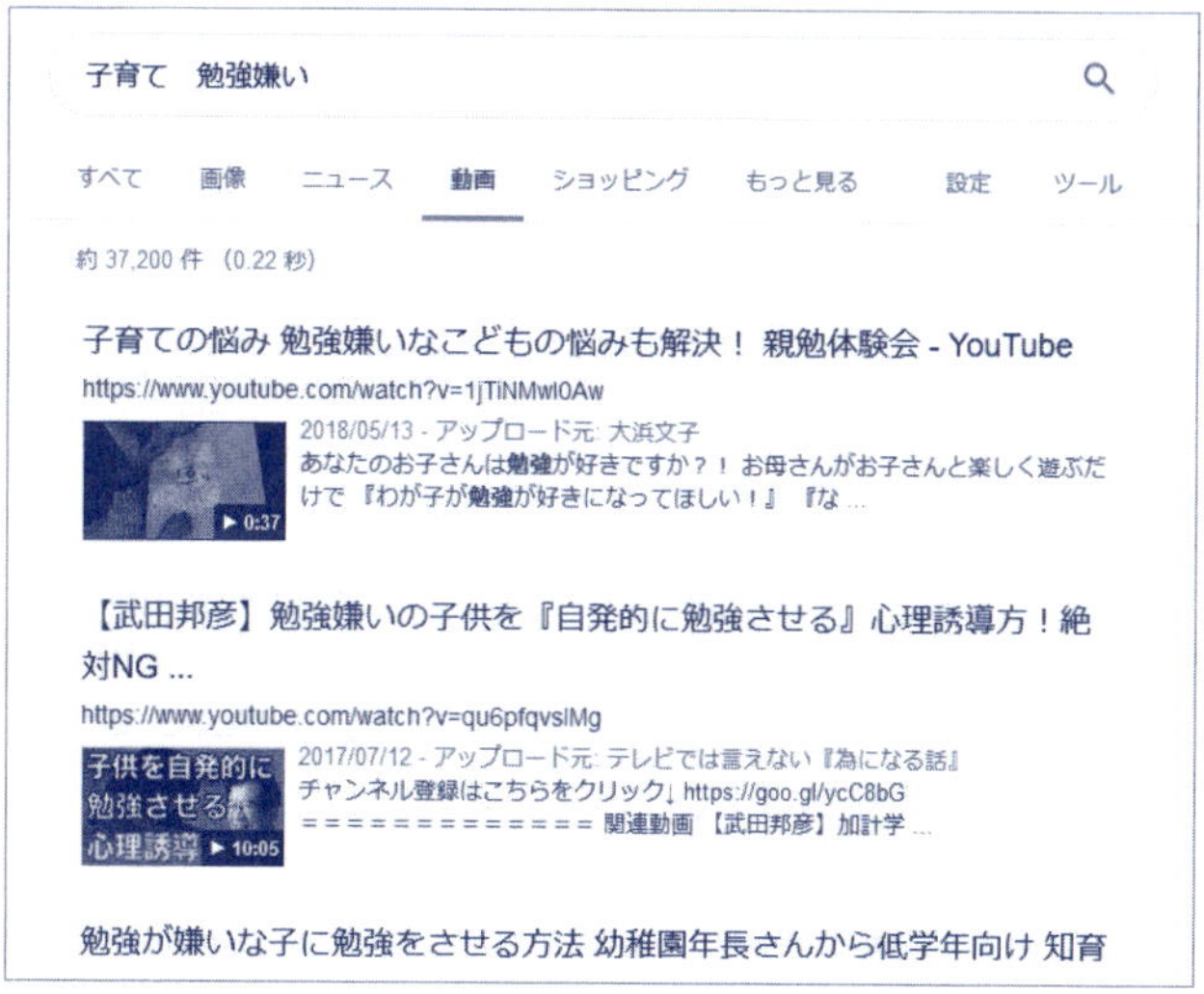

☑わからないことは動画検索

YouTubeの便利機能の1つはなんといってもコレ。YouTubeはグーグル社の傘下で、検索システムが連動しています。困ったことがあるとググるのは、もはや習慣化していると思いますが、現代はもはや解決策がWebページでなく動画で見られる時代になってきています。

上図は「子育て　勉強嫌い」で動画検索した結果です。グーグルの検索アルゴリズムが、悩みを解決するのに最適な動画を探してきて、オススメ順に並べてくれて大変便利です。

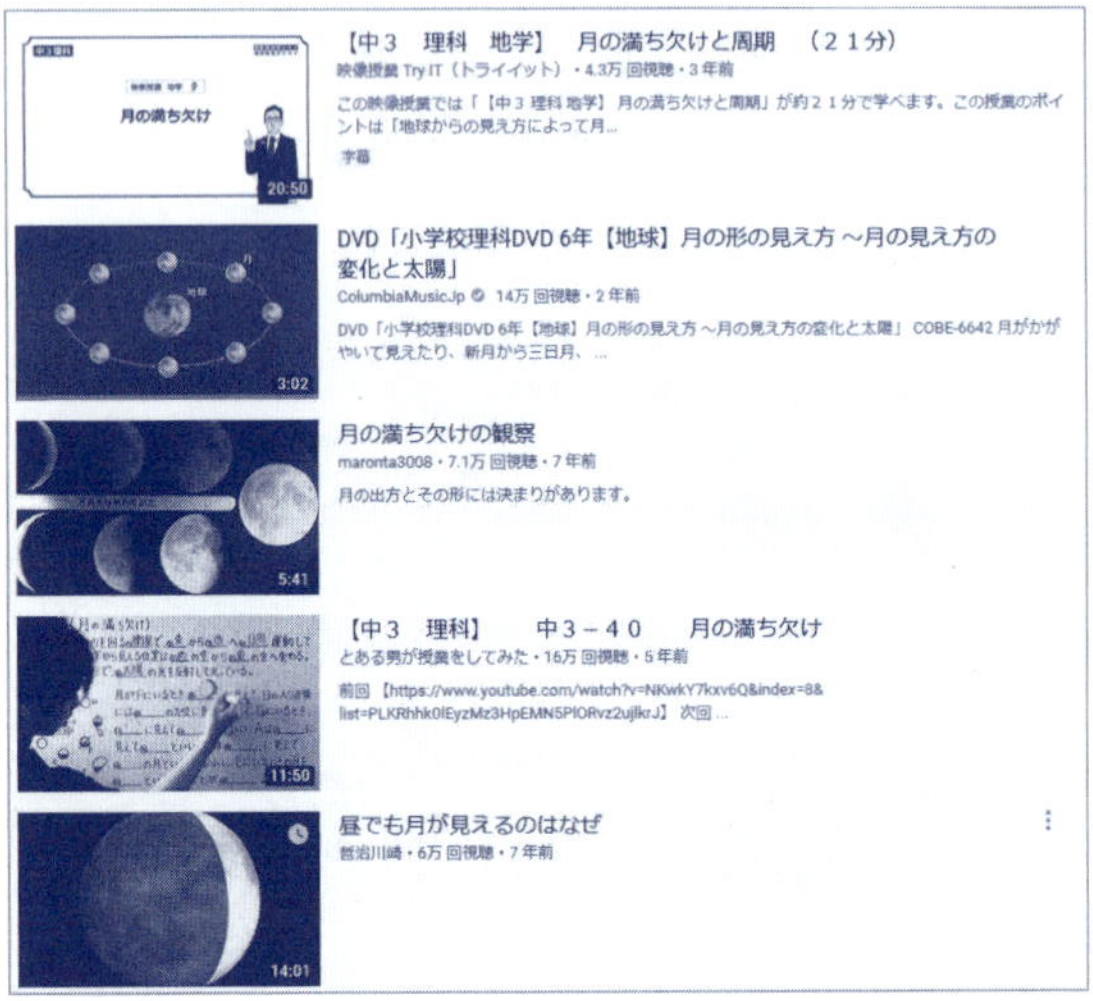

こういった悩みの解決は子どもの場合にも活用できます。上図は「月の満ち欠け」で検索した結果です。月の満ち欠けは宇宙から見た月と地球の関係がイメージできれば簡単ですが、紙のテキストでは3次元的な様子をイメージできない子は多くいます。それが動画で見ると、かなりわかりやすくなるのです。

知識を深める関連動画も教えてくれる

YouTubeの素晴らしいところはそれだけではありません。ご存知の方も多いでしょうが、YouTubeには関連動画をオススメしてくれる機能があります。お笑い系の動画を見ていたら他の動画もどんどん見たくなって、いつまでも終わらなかったりしますが、

1 Attention
2 Reason
3 Confidence
4 Satisfaction

勉強に使うとこれほど素晴らしい機能もありません。

先ほどの「月の満ち欠け」検索結果の中から1つ選んで動画を見てみました。すると、右側には関連する動画として、「昼でも月が見えるのはなぜ」「月の自転周期と公転周期」といったタイトルが並んでいます。

また、「金環食や皆既日食のおこる仕組み」「宇宙の大きさを体感できる動画」といった、関連性は少し低いけれど、やはりセットで学びたいタイトルも並びます。

こういった動画を次々に見ていけば、あっという間にいろいろな知識が身につくでしょう。

親子でYouTube動画を楽しんで、自然と子どもが1人でも見るように仕向けていきたいですね。

実は私も開き直って、授業のときにこういったYouTube動画を子どもたちに見せることがあります。ホワイトボードに書いて説明するより話が早いからです。つまり、自分で動画を調べて学ぶことができれば、わざわざ授業料を払って塾に通う必要はなくなるということですね。

私は塾では本書で紹介しているような勉強のやり方やマインドセットだけを子どもたちに指導して、知識を身につけるのはYouTubeなりアプリなりでやるのを当たり前にしたいと思っています。ぜひ、その第一歩を踏み出しましょう。

まとめ

YouTubeは知識と教養の宝庫である。わからないことを調べて学び、関連動画でさらに知識を深められるように育てよう。

12.「勝手にやるな」と言われてきた過去問に手を出す

57ページでも触れたように、知識はもともとあった知識に紐づけられると定着しやすくなります。ですから、これから授業で習うであろう内容の関連知識があればあるほど、授業での吸収は高まります。昔の非科学的な思い込みで作られた予習禁止のルールに素直に従うなんて、もったいない！

同様に、多くの塾で「勝手にやってはいけない」とよく言われるものに、過去問があります。確かに過去問は、書店などで買えるのは最近の数年分だけです。無計画に進めると、受験直前期にやるものが残っていない、なんてことになります。そうならないためにも、ある程度の管理は必要でしょう。

しかし、私たちは過去問挑戦のGOサインが出るタイミングが遅過ぎる塾が多いと感じ

禁断の過去問を上手に使うコツがある

ています。入試問題の傾向は学校ごとにバラツキがあるのに、自分の行きたい学校の入試傾向を知らずに勉強するなんて、目的地を知らずにマラソンを走り出すようなものです。間違った方向に進んだらもったいないですよね。ちゃんとゴールを確認させたほうがいいと思いませんか?

ちょっと前置きが長くなりましたが、ここまでお読みになって「ウチの子には予習させよう。過去問も早めにチャレンジさせよう」と考えられたあなた。過去問を禁止してきた塾に感謝しましょう。なぜなら、禁止されていることで、お子さんをやる気にさせやすいからです。

なぜロミオとジュリエットは恋に燃え上がったのか？

人間は「ダメ」と言われると、やりたくなるものです。「太るから食べちゃダメ」と言われると余計に食べたくなりますし、「校則を守れ」と言われるとあえて反抗したくなります。結婚も親に反対されると、余計に燃えるのです。

このような心理を、心理学で「リアクタンス効果」と呼びます。人は自分の行動は、自分の意志や感情で自由に選択したいと思うもの。その自由を奪われると強いストレスを感じ、そこから自由になりたいという心理が働きます。そのため、ダメと言われたことはやりたくなってしまうのです。だから、お子さんは「勉強しろ！」と言われると本当にやりたくなくなるのです。

本当はやったほうがいいことが、塾で禁止されている？ 最高じゃないですか。「こっそり」やるように、お子さんをそっと〝そそのかして〟ください。

☑禁断の過去問を上手にやらせるコツ

いきなり本命の学校の過去問をやらせると、予習にはなりますが、惨敗で心が折れるかもしれません。そこで、スモールステップをふませるのがオススメです。

実際に伸学会でも、5年生に入試本番の過去問を実施しました。5年の夏に過去問なんて、普通はありえません。なにしろ、テキストは5年上までしか進んでいないので、習っていないこともたくさんあります。受験頻出の「速さ」「相似」「面積と辺の比」「仕事算」…すべて習っていません。

この意外な課題に、生徒もびっくり。「いいの…?」「難しくない…?」と怖がっていました。ところが、恐る恐る解いてみたところ、なんと5年生たちは70点くらいをポンポン取ってしまいました。

受験者平均点どころか、合格者平均点に届いてしまうような点数です。うまくいかなかっ

習った問題多めの過去問にトライさせる

た生徒ですら、受験者平均点とほぼ同じ点数を取ることができました。生徒たちは予想外のデキに驚いていました。

ただ、これには裏があります。選んだのは難関校ではなく、日能研模試で言えば偏差値45以下の学校ばかり。それも講師がチェックして、問題の8割は今まで習った範囲の問題で占められている過去問を選びました。結果に気をよくした子どもたちは、この「なかなかやらせてもらえない課題」がすっかり気に入りました。勝敗がハッキリ出るのも、面白いポイントだったようです。

教室の壁に大手塾の偏差値表を貼って、合格点を出したことがある学校の横に名前を書かせることにしました。すると、「合格点を取ったことがある学校」のレベルを上げていくことで、成長を実感できるようになったのです。宿題をサボりがちなタイプの子も毎回熱心に取り組み、「過去問ください」と1日に複数年度を持って帰るようになりました。

ご家庭でもこういった工夫は十分可能です。**過去問を買ってきて目を通し、もう習った内容が多めに出ているものにチャレンジさせましょう。**まだ習っていないものがあっても、「予習」と割り切りましょう。楽しく取り組めることが優先でかまいません。

また、塾のカリキュラムの予習も、こっそりやってみてはいかがでしょうか。時々、授業で良いところを見せようとして答えを丸暗記してくる子がいるので、そういった悪いやり方に走らないようにご注意くださいね。

まとめ

あえてやってはいけない課題に手を出そう。きっと燃えます。

13. アプリで遊ばせながら賢くする

電車の中やレストランなどで、退屈した子どもがうるさく騒ぎ出す。みなさん、そんなシチュエーションを、きっと体験したことがあると思います。ぐずり出した子どもに理屈は通用しません。「静かにしてね」とお願いしても言うことを聞いてくれなくて、気まずい思いをしますよね。

そんなときに頼りになるのが、タブレットやスマホです。ゲームで遊ばせれば、子どもはすぐ静かになってくれます。なんて素晴らしいことでしょう。

しかし一方で、そんなとき親は不安や罪悪感を抱えるものです。なにしろ、タブレットやスマホのゲームをさせると子どもの脳の発育が悪くなる、なんてことがそこかしこで言われていますから。

この場をしのぐ目先のメリットのために、長期的に見たわが子の健全な発育をダメにしてしまっているんじゃないかしら…。そう不安に思われるのは、ごもっともです。

そこで、どうせタブレットやスマホを使わなければいけないのであれば、知育系のアプリで遊ばせましょう。そうすれば、むしろ子どもを賢くすることができます。

☑子どもは面白かったら勝手に覚える

知識を覚えるには、なんだかんだで反復が必要です。でも、つまらなかったら覚えるまでなかなか繰り返せません。だから、まずは楽しいということが大切な要素。第7項でも書いたように、「遊んでいたら覚えてしまっていた」というように誘導するのが一番。

以前、伸学会でこんなことがありました。授業で使用するiPadに、ある地図記号のアプリをインストールしました。これは落ちてくる地図記号をこぼれないようにお皿に積み上げるだけの内容でした。地図記号が「港」「畑」と何を表しているかは一応表示されるものの、クイズになっているわけでもなく、私たち講師陣には「これじゃあ、子どもたちは覚えないだろうな」と不評でした。

アプリで夢中で遊んでるだけで勉強になる

しかし、生徒たちには大流行したのです。その結果、子どもたちはマイナーな地図記号まですっかり覚えてしまいました。これには私たちも大変驚きました。

効率よく学ぶ方法として、知識をネットワーク化するとか、アウトプットを多くするとか、いろいろなコツがあります。

しかし、**子ども本人が夢中になってただただ繰り返せば、そんなコツや効率なんて関係なく覚えてしまう**ものなのです。

ぜひ、お子さんも学習ゲームにはまらせてあげてください。

☑デジタル学習ゲームのメリット・デメリット

では、どうすればお子さんがデジタルの学習ゲームにはまるのでしょうか。遊びながら学習してしまおうというコンセプトは、かるたやトランプなどのアナログゲームと同じです。

違いは何かと言えば、デジタルは結果がすぐに見えることと、結果が数値化されやすいということ。これらは子どもたちをはまらせるための強力な要素です。**アナログゲームで大人が工夫して与えなければいけない要素が、デジタルゲームでは最初から揃っているのでとてもラク**なのです。

デメリットとしては、競争相手がいないとすぐに飽きてしまうことです。前述の地図記号アプリも、子どもたちの間で競争が起こったからこそ盛り上がりました。

はじめは子ども1人で黙々と取り組むので、放っておいて大丈夫かと油断が生じます。そこで油断せずに、アナログゲームと同じく一緒に遊んであげたり、伸びたスコアを褒めてあげたりといった働きかけを忘れないようにしましょう。

こんなにある学べるアプリ

私たち仲学会が生徒にやらせて盛り上がったアプリを最後に9つ紹介したいと思います。ぜひタブレットやスマホにインストールして使ってみてください。

タイトル	アイコン
書き取り日本一周	
あそんでまなべる 人体模型パズル	
あそんでまなべる 星座パズル	
コインクロス —お金のロジックパズル—	
あんざんマン	
あそんでまなべる 旧国名パズル	
虫食い漢字クイズ	
ことわざクイズ —はんぷく一般常識シリーズ	
四字熟語クイズ —はんぷく一般常識シリーズ	

まとめ

デジタル学習ゲームは、結果がすぐ見えて数値化されやすいのではまりやすい。一緒にうまく遊んであげたりして、子どもを夢中にさせよう。

2章

Reason
～勉強に「やりがい」を感じさせる～

本来のARCSモデルでは、Rは「Relevance（自分との関連性）」となっています。それに対応するふさわしい日本語は、「当事者意識」「自分事感」になると思います。Relevanceのない状態とは、「そんなこと自分には関係ない」と思っている状態です。「関連性」という日本語訳からはそのニュアンスが小学生にピンときづらいため、伸学会ではRを「Reason（やるべき理由）」として子どもたちに指導しています。それに則り、本書でもRをReasonとして統一しています。

さあ次の問題はちょっと難しいぞ
さんすう
問12
…
ゆー
ゆー
…
やる気ないなー
ごら
ごら
だってさあ！
2.下の図形の面積
××cm
○○cm
トントン
こんなもの解けなくてもよくない?!
た、たしかに!!
でしょ?!
お父さんしっかりして!!
だって考えてみれば自分だってー
オレもオヤジさ困らせたっけなー
なんで勉強しなくちゃいけないの?!
ブーブー
そ、それはじゃの…
父の父
父・小学生の頃

なんて深い問いだ…
素晴らしい…
えっ
ガシ
ゴォオオ
いま僕はモーレツに感動している!!
ブル
Reason
ブル
「なぜ勉強をしなくちゃいけないのか!?」
突然アツイね…
学びに対するシンプルで美しいまさに心の叫び！
Reason
その問い承った！
戦隊ARCSのこの私「R」とともに
Rさんなんかすごいね
うん…
真の答えを探しに行こうではないか！

1. 子どものやる気は どこから生まれるのか

子どもには自分から勉強に取り組んでほしい。これはほとんどすべての親に共通する思いではないでしょうか。だからこそ、お子さんがちゃんと勉強しないと、期待を裏切られてイライラしてしまいます。そして、つい怒ってしまう…。

しかし、怒って勉強させるという行為は、すればするほどわが子の自発的な勉強から遠ざかります。私どもの塾でも、親が怒って勉強させてきたことで、入塾段階で「勉強は怒られないためにするもの」と思い込んでいる子たちがたくさんいました。**親に怒られないために勉強している子たちは、やはり成績が伸びません。**

お子さんをそんなふうにしてしまわないために、「そもそもやる気とは何なのか、どこから来るのか」を知って、うまく引き出せるようになってあげてください。

親が怒れば怒るほど子どものやる気は下がる

☑子どものやる気は外から？　内から？

やる気は、外から与えられるやる気と、内から湧き出るやる気に大きく分けられます。専門用語では、それぞれ「外発的動機づけ」と「内発的動機づけ」と呼ばれます。

外からのやる気は、自分の行動が外部（他人や環境）の報酬・命令によって生じている状態のことを指します。「成績が悪いと怒られるから（罰を避ける）」「宿題を終わらせたらゲームできるから（報酬を求める）」などが、外からのやる気で動いている例です。

イルカが水族館でショーをするとき、1つ芸をするたびにエサをもらっている場面を見たことがあると思いますが、まさにいい例です。芸をすることは、エサを得るための手段に過ぎません。エサをもらえないときに、イルカが勝手に芸をすることはまずないでしょう。

一方で、内からのやる気とは、自分の行動が完全に自律的で、興味から生じている状態のことです。「新しい情報を得たい（知的好奇心）」「なぜなのか、物事のつながりを知りたい（理解欲求）」「前よりうまくなりたい（向上心）」などが、内からのやる気に含まれます。

子どもたちは、放っておくと1人でも何かをいじり、遊び始めます。これは、エサをもらえるからでも、褒められるからでもありません。暇さえあれば本を読みたがる、楽しさのあまりゲームに没頭して長い時間を費やす、なども同様です。これらは、行動それ自体が目的になっているのです。

この2つの動機づけのうち、先に発見されたのは外からのやる気でした。1950年代まで心理学の主流だった行動主義心理学と呼ばれる分野では、動物実験を行いながら学習について研究をしていました。鳥が「押すとエサが出るレバー」を押すことを学ぶなどの実験から、どういう報酬をどのように与えることで人を動かせるかを考えたわけです。ビジネスの世界でも、「人はなぜ働くのか」に対して、経済的動機（つまり給与）がすべてだと考えられていました。

しかし、徐々に労働意欲は「職場における良好な人間関係」や、「何かやりがいのあるものをやり遂げたいという欲求」に関係するのではないか、ということが発見されていきます。こうして内からのやる気に注目が集まっていきます。

さて、親のみなさん自身は、職場で働くときに、どちらの動機で動いていますか？「給与のため」「上司に怒られたくない」といった外からのやる気でしょうか。それとも、「やりがいがある仕事で成功したい」「職場の信頼できる仲間と一緒に働きたい」といった内からのやる気でしょうか。

これを、そのままお子さんの勉強に当てはめてみてください。みなさんはお子さんに、

外からのやる気で勉強する子の特徴

・行動は手段に過ぎない
・最低ラインを超えればそれでいい
・諦めが早い

これ終わらせれば
いいんでしょ

内からのやる気で勉強する子の特徴

・行動それ自体が目的
・どこまでも上を追求できる
・粘り強く取り組む

へえー
もっと知りたい！

「怒られたくないから勉強する」と「賢くなりたいから勉強する」のどちらの動機づけで勉強してほしいですか？

☑勉強理由がやり方を左右する

多くの人にとって、先ほどの問いの答えは後者でしょう。お子さんにも、「賢くなりたいから勉強する」と考えてほしいと思っているはずです。なぜなら、どちらの理由で子どもが動いているかが、どういう学習法を取るかに関係してくると、誰でも直観的に理解しているからです。

内からのやる気で動いている子どもは、深く、持続する学習を実行しようとします。

「知りたい」「理解したい」と感じる限り、自分の意欲で取り組み続けます。「こういう方法で学習すれば、より深く理解できる」という話をすれば、それを採り入れようとします。難しい問題に対しても、粘り強く取り組むようになります。

外からのやる気で動いている子どもは、浅く、短期的な結果に注目します。怒られたくないから宿題をする子は、怒られないラインを超えさえすれば、そこで学習を打ち切ります。終わらせることが目標になるので、良い方法で学習することを意識しないのです。また、失敗したり、成功の見込みが薄いと感じたりすると、簡単に諦めてしまいます。

お子さんに、良い方法で粘り強く学習するようになってほしければ、最後は内からのやる気が生まれるように導いていきましょう。

まとめ

外からのやる気と内からのやる気の区別を知っておこう。
怒ることで勉強させようとすると、手抜きをするようになる。

2. 自己選択がやる気を引き出す

小学校では宿題が出されます。学年が上がるにつれて宿題はどんどん増え、塾に通い出したら、そちらの宿題もしなければいけません。さらにはピアノなどの習い事をすれば、自宅での練習も…。やることがどんどん増えていき、下手したら大人以上の過密スケジュールになりがち。それらの課題をすべてこなそうと思ったら、計画的にテキパキと行動していかなければいけません。

しかし、計画的に行動するには、まず良い計画を立てる技術が必要です。1週間でやるべきことを把握しておかなければいけませんし、それぞれにどれくらいの時間がかかるのかもわかっていなければいけません。なかなか、子どもにできることではありません。

そうなると、多くの保護者の方々がやることが「代わりに計画を立ててしまう」こと。

そして、親が立てた計画通りに、マシーンのように動くことを子どもに求めてしまいます。
しかし、そこに大きな落とし穴があるのです。

☑誰かに強制されたら面白いわけがない

人間には、根源的な欲求の1つとして「自律性」があります。人は自らの行動を選び、主体的に行動することを求めるというものです。自律性は私たちが考えている以上に、やる気や楽しさ、幸福感と強く結びついています。

この自律性を奪われた形で誰かに強制されるのは、勉強だろうと仕事だろうと面白いわけがありません。だから、**よかれと思って親が計画を立て、その通りに行動させようとすれば、子どもは勉強や練習がどんどんつまらなく感じるようになります。**そして、勉強ギライ、練習ギライの子ができあがるのです。それでは困りますよね。

では、「子どもには、自分でやることを決めさせなきゃ！」と思って、お子さんに自由に行動を選択させると、今度はまた別の問題が起こります。勉強や練習がまだ好きではな

親が計画して強制すると子どもはつまらなくなる

い子が選ぶものを想像してみてください。テレビ、YouTube、ゲーム、マンガ……おお、頭を抱える親御さんの姿が目に浮かぶようです。

そう、子どもが自分から勉強を選ぶのは、もっと勉強が好きになってからの話です。勉強好きになる前に、いきなり自由に決めさせると〝遊んでばっかり〟という問題が起こるのです。

しかし、「勉強しない」という選択肢を選ばせるわけにはいきません。どうすればいいのでしょうか。

☑自分で選んだ〝感覚〟がやる気につながる

そこで有効なのが、選択したような〝感覚〟を与えることです。参考になるのが、イェール大学の心理学者ダイアナ・コルドヴァとスタンフォード大学の心理学者マーク・レッパーの行った子どもの選択の感覚に関する実験です。コルドヴァらは、小学校４、５年生72人に、ＳＦをテーマにしたパソコン用の算数学習ゲームを与えました。

実験者は、一部の生徒にだけ自分を表すアイコンを４つの中から選ばせ、宇宙船に好きな名前をつけられるようにしました。他の子どもも同じゲームを行いますが、アイコンや宇宙船の名前はコンピューターが自動的に決定しました。

その結果、宇宙船の名前やアイコンを選択できた生徒のほうがゲームを楽しみ、休み時間にもプレーを続ける傾向を示しました。それだけでなく、その後の算数のテストでも好成績を修めたそうです。**選択対象が学習内容とは無関係でも、選択の〝感覚〟を与えるだけで自律性の欲求が満たされ、意欲が高まり、大きな成果に結びつくことがある**のです。

できる限り子どもに「何を・いつ・どれくらいやるか」を選ばせる

そのことを知っているので、私たちの塾では子どもたちにできる限り選択の機会を与えるようにしています。例えば、生徒の宿題を決めるときです。1週間の中でカリキュラムは決まっているので、「何をやるか」は私でも大きくは変えられません。

そこで、その宿題を「いつやるか」を、一緒に相談して決めさせたりしています。たったそれだけのことですが、子どもたちの自律性の欲求は満たされ、やる気が湧くのです。「いつやるか」を選択させることなら、ご家庭でも取り入れやすいでしょう。

☑「どうやるか」も子どもに選ばせよう

「どうやるか」についても、「アレやれ！ コレやれ！」という指示をできる限り減らし、子どもに自分で選ぶように仕向ける〝演出〟をいろいろ考えてみましょう。例えば、私たちは「実験」と称して、解き直しをする場合と解き直しをしない場合の成績を比較したり、途中式を丁寧に書く場合と書かない場合の計算ミス数を比較したりしています。

実際にこれらを繰り返した結果、小4の時にはノートに式を全く書かず、答えだけを書いていたK君は、今では途中式をとても丁寧に書く子になりました。勉強時間自体も大きく増えて、小4当時は偏差値40台だったのが今では60台になっています。行動が変われば結果も変わるものなのです。こういった比較実験も、ご家庭で取り入れてみてください。

他にも、勉強道具を選ぶことで意欲を引き出すこともできます。例えば、文房具が好きな子は科目ごとにペンの種類や色にこだわりがあったりします。それも、アイコンや宇宙船の名前を選ぶのと同じで、自律性の欲求を満たして意欲に繋がるでしょう。大人がジョギング用のシューズを買ったことで、やる気が湧くのと同じですね。これは学習に意欲を感じていない子への働きかけとして、活用できるでしょう。

「何をやるか」「いつやるか」「どれくらいやるか」「どうやってやるか」、お子さんに選ばせられるものはできる限り選ばせましょう。また、そういった学習の本質部分以外でも、道具を選ばせるなどさせましょう。そうすれば、子どもの意欲をうまく引き出せるのです。本人に無理やり「ＹＥＳ」と言わせるのは選択させたことにはならないので、その点にはくれぐれもご注意を。

まとめ

「何を」「いつ」「どれくらい」「どうやって」勉強するか、できる限り子どもに選ばせる。勉強道具なども選ばせると、学習意欲につながる。

3. 6つの「やる気エンジン」に火をつける

外からのやる気より内からのやる気がいいことはわかったけれども、具体的にどうすればいいのでしょうか。そこで、この2つの動機づけをさらに細かく分けてみます。すると、より具体的な行動のアイデアが出てきます。

☑子どもの「やる気エンジン」は6つある

この項では、「動機づけの二要因分類」を紹介しましょう。これは、東京大学の市川伸一教授が外発的動機づけ・内発的動機づけをさらに分解したもので、「人はなぜ勉強するのか?」というアンケートの答えを分類することで作り出されました。いわば、6種類の〝やる気エンジン〟だと思ってください。1つずつ説明していきますね。

①報酬志向…報酬を得る手段として勉強する（ほめられたいから・叱られたくない

子どもの6つのやる気エンジン

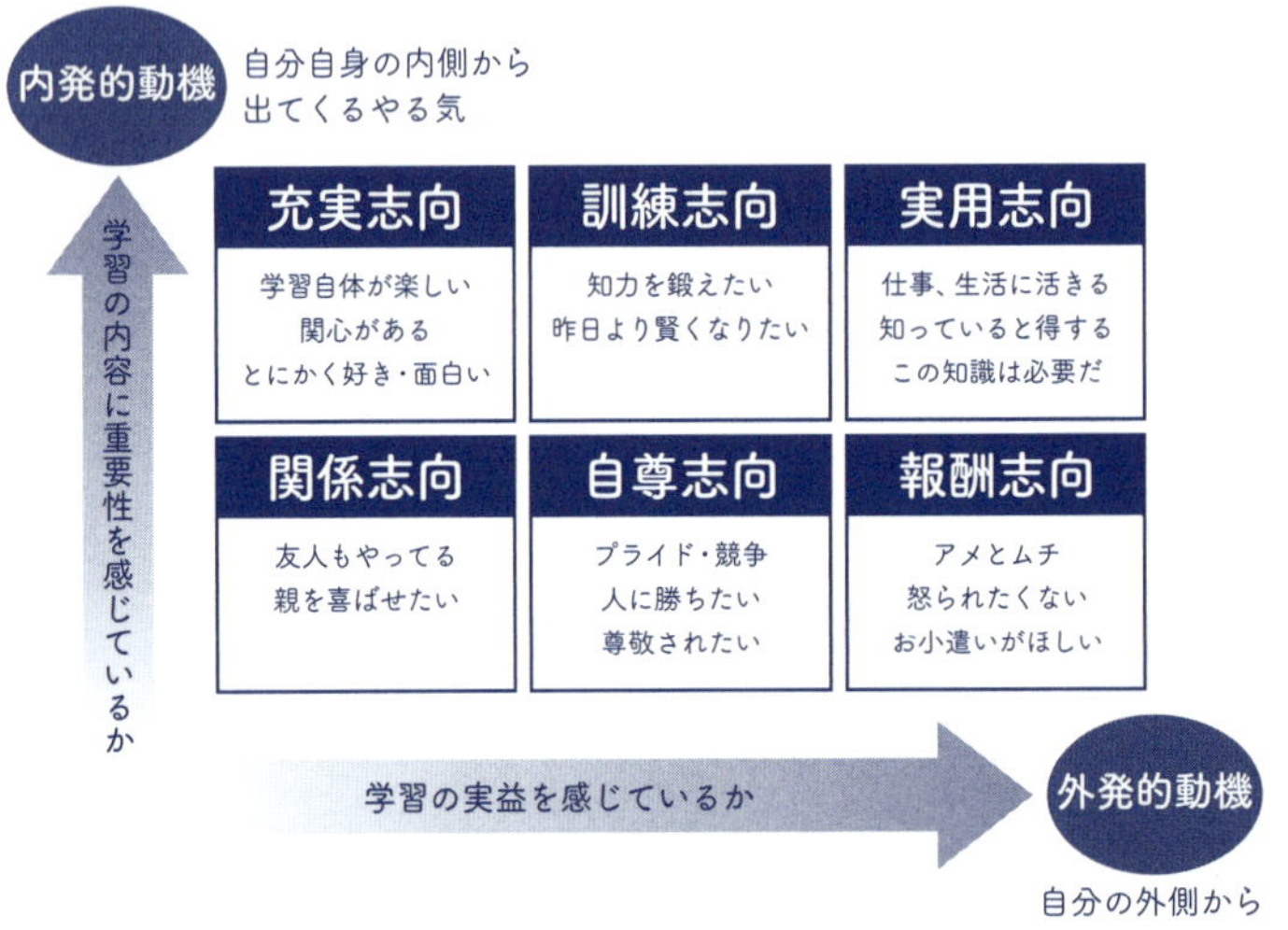

市川伸一『学ぶ意欲の心理学』(PHP研究所)をもとに作図

から)

子どもが勉強しない時に怒る人は多いですが、それは「報酬で釣る」のと種類は全く同じです。子どもが「宿題をしないと親に怒鳴られるから」という理由で勉強する状況は、勉強に対してネガティブな印象を与えてしまうのであまり良いとは言えません。この際、罰ではなくご褒美を与えてみるのはいかがでしょう。

6つのやる気エンジンのうち最初は、この報酬志向を意識した「ご褒美作戦」から入ると効果的です。伸学会では、お菓子を勉強への報酬として使っています。これを入口に他の動機を得ていくのです（ただし、報酬の使い方には注意点がありますので、4章の234ページで説明します）。

②自尊志向…プライドや競争心から勉強へ向かう（勝ちたいから・負けたくないから）

人に勝ちたい、負けたくない、置いていかれたくない、という気持ちで勉強するのが自尊志向です。特に、実力が近い友人がいるときが一番うまくいきます。中学受験の経験がない保護者の方なら、算数で競争してみてもいいかもしれません。

ただし、お子さんに負けが続くときは注意しましょう。勝っていると調子に乗って続けますが、あまりにも勝てないと諦めてしまいます。塾や習い事を選ぶなら、クラス内で落ちこぼれになってしまう状況は避けたほうがいいでしょう。

集団授業を行う塾の立場からすると、競争で生徒を煽る戦略は使いやすいのですが、少ない勝者に対して敗者が多くなってしまい、クラス全体のやる気につながりにくいもので

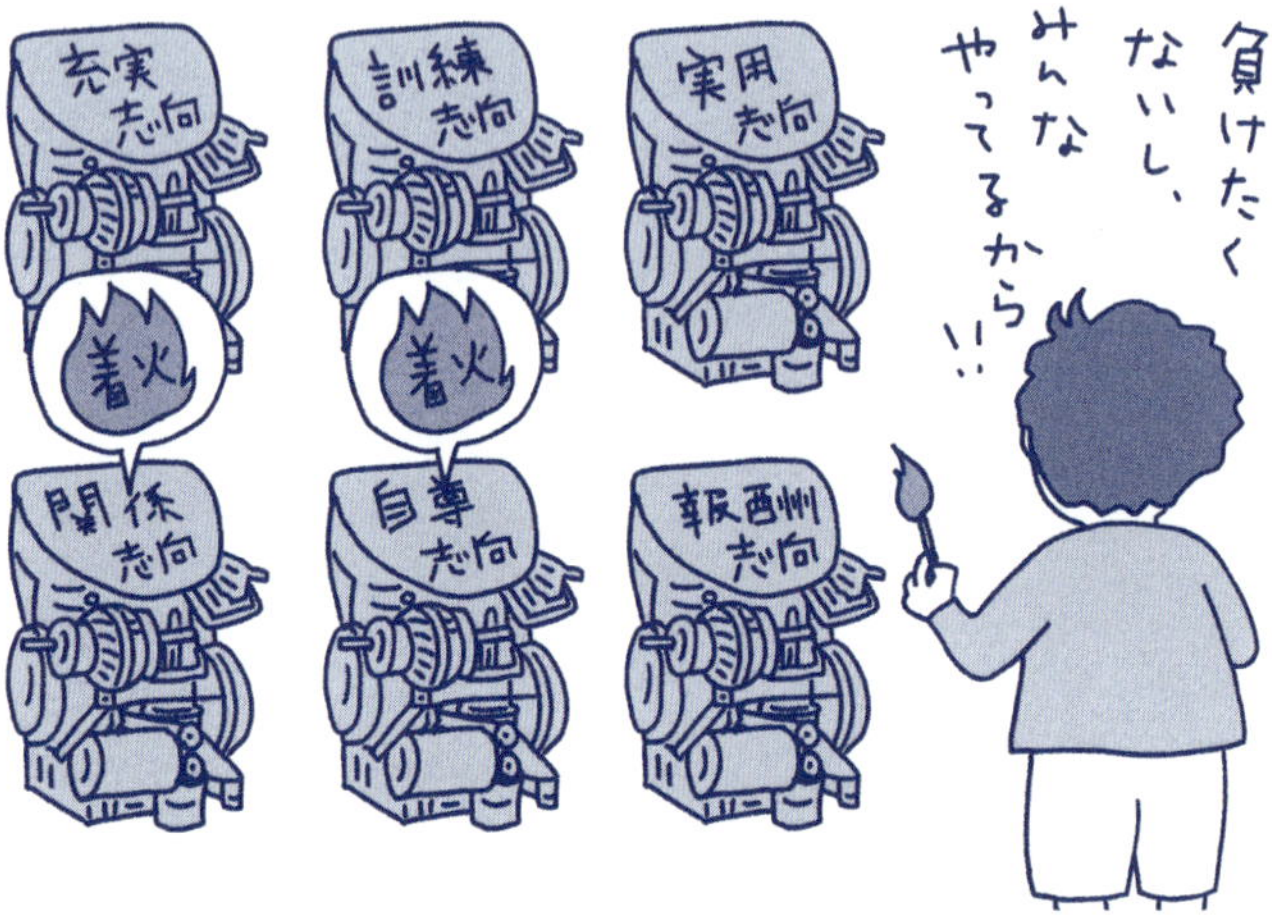

子どもの中の６つのエンジンを知っておこう

す。「成績勝負」だけでなく、「前回より伸びた点数で勝負」「学習時間で勝負」「解けた問題数で勝負（人により扱う問題は違うが）」といった工夫をしたほうがいいでしょう。

③関係志向…他者につられて勉強する（みんなやっているから・信頼している人を喜ばせるため）

もし、お子さんが「中学受験をする」と言い出したとしたら、理由は何でしょうか。「クラスメイトがみんな受験するから」ではないでしょうか。実際、同じ目標に向かう集団がいることは有利に働きます。同じ小学校で中学受験をする人が自分しかいないよりも、たくさんいたほうがやる気につながります。

やる気は感染します。高い意欲を持った子の周りには、意欲の高い子が集まります。仲のいい友達グループで勉強するとやる気が出る、という意味で受験は集団戦とも言えます。塾を選ぶなら、クラスにチーム感があるか、人間関係が良好かどうか、同じ目標を目指している生徒がいるかどうかは重要です。

④実用志向…仕事や生活に活かすために勉強する（今や将来に役立てられるから）

授業内容がどのように生活や社会で役立っているかを知ることは、大きな意味があります。小学生段階の学習内容で何かに役立つ例を探すのは難しいですが、「英語を学ぶことで、外国に旅行するときに役立てたい」「地理の知識があれば、旅行のときにどこが名所か大体わかる」「お金の計算に、算数で習った割り算やかけ算を使う」「高速道路の標識に表示された距離と、車の速さから到着時間を計算できる」など、見つけ次第お子さんに示すことができれば、学んだ意味を感じることができます。

⑤訓練志向…知力を鍛えるために勉強する（賢くなるから・頭が良くなるから）

②の自尊志向が他者比較に注目するのに対して、この訓練志向は自己比較に注目します。

勉強を続けていくと、「前はできなかったことができるようになった」という実感を得られるタイミングが来ます。この積み重ねが楽しくなると、「もっと賢くなりたい」という好循環が生まれます。「こういう頭の使い方が賢さなのか」「こういう勉強をすれば記憶によく残るのか」という発見を求めるため、勉強法が改善されていきます。親としては、「ちょっと前よりこういうところがよくなっている」と伝えてあげましょう。

⑥充実志向…学習自体が楽しい（楽しいから・やりたいから）

ここまで到達したら、あまり邪魔しないで見守るのが一番。逆に、ここからスタートするのはとても難しいでしょう。算数が苦手な子が、算数を楽しいと思うまでにはハードルがあります。最終目的地の1つですね。

この状態になった子どもに報酬を与えると、かえってやる気を弱めてしまうので気をつけましょう(これはアンダーマイニング効果と呼ばれています。241ページで説明します)。

どのエンジンでもいいから、たくさん点火して！

これら6つのエンジンは、外発的動機づけに近いものと、内発的動機づけに近いものに分類できます。右下に近づくほど外発的で、左上に近づくほど内発的です。右に進むほど、実益・利益を重視するようになっていきます。

より重要なのは、上段のエンジンなのか、下段のエンジンなのか。上段が学習内容に関係する動機で、下段が学習内容に無関係な動機です。実用志向の子は「英語を役立てたいから英語を勉強する」ため、勉強内容は英語でなくてはなりません。しかし、報酬志向の子は「勉強したら怒られない」なら、どの科目をどうやろうと関係ないのです。

そのため、質の高い学習のためには、内容に関係する上段の動機を重視したいですね。「楽しいからトコトンやる」「どこまでも自分を賢くしたい」「役立てようとする努力に終わりはない」からです。実際、市川先生の研究でも、上段の動機を持っている人は良い学習法を選ぶ傾向にあったようです。

一方で、内容に関係ない下段の動機は悪者かというと、そうではありません。下段の動機を持っている人に、悪い学習法を選ぶ傾向はないそうです。下段の動機もあって損はあ

複数の意欲（エンジン）があるから学び続けられる

りません。最初から上段の動機を持つことは難しいため、下段は入口として使いましょう。苦手科目がいきなり楽しくなることは考えにくいので、まずは「みんなやっている」「やったら褒めてもらえる」から始めればいいのです。

そして、**学習を持続させるためには、複数の動機を持つこと**が大事です。どれか1つが欠けても、他の動機で勉強できます。複数の意欲（エンジン）を持っていると、墜落しにくくなるのです。充実志向が一番いいように見えますが、これは冷めやすいことも確かです。みなさん、昔からずっと続いている趣味は、どれくらいあるでしょうか。複数のエンジンを持って互いに補助し合うことで、飛び続けることができるのです。

まとめ

「やる気のエンジン」は6つあるので、子どもがどれで動いているか考えよう。複数のエンジンを持っていたほうが墜落しにくいので、あらゆる方向からアプローチして増やしていこう。

4．6つの動機のくすぐり方　入口編

うちの子、全然勉強しなくって…。テストの解き直しはもちろん、宿題もまともにやらない。私が子どものときには、テストで悪い点数を取って怒られるのが怖くて必死に勉強したものなのに、何度怒ってもちっともこたえなくて、どうしたらいいのかもうわからない…。

そんなお悩みを私たちはよくうかがいます。これはありがちな失敗パターンです。前項で、子どもの「勉強するべき理由」の大枠がわかっていただけたなら、あなたもこの失敗の原因にお気づきではないでしょうか。

お子さんによって、６つの動機のどれが響くかはバラバラです。じつは私たち大人も、自分の子ども時代を振り返ってみれば、６つの動機すべてが揃っていたということはまず

子どもは親と同じ動機で勉強するとは限らない

ありません。どれかが原動力になっていたのです。そして多くの人は、とりあえず「自分の経験上はこうだったな」と思い出して子どもに伝えようとします。

しかし、**お子さんが親と同じ動機でやる気になってくれるとは限りません。子どもは自分のコピーではない**のです。だから、もしお子さんに響かなかったら別の方法に切り替えなければいけません。それなのに、ほかの動機のくすぐり方を知らないと、同じ方法を繰り返すしかなく、「子どもがやる気になってくれない」と嘆くことになります。

そうならないように、本項と次項でお伝えする内容をご理解いただき、ご自身とは別の動機からもアプローチできるようになりましょう。

☑報酬志向の火のつけ方

- 叱るのではなくほめる
- 成果主義でなく行動主義
- 良いことがあったら即ほめる
- 一貫性を持ってほめる
- 報酬を自己設定させる

子どもにとっては、「叱られる行動を避ける」より、「ほめられた行動をもう1回やる」ほうがわかりやすいです。一度やった行動なので、「これをすればいい」という実感が湧きます。「これがうまくいったね」「次はさらにこうしてみよう」とほめて伸ばしましょう。

叱る際も、「こういう行動をとってほしい」と明確に伝えることで、その後の行動の改善につながります。結果には偶然も多く含まれます。**学習の結果には再現性がありませんが、プロセスには再現性があります。**山頂にたどり着くかどうかは天気次第ですが、前より一歩多く坂を登ったかどうかは確実に評価できます。行動を見てほめましょう。

ほめ方のコツは、第4章（245ページ）で詳しく説明しますが、大まかに言うと**「行動をほめる」「良い行動を見たら即ほめる」「一貫性のある基準を持ってほめる」**の3つです。ほめることを通じて、お子さん本人が「これが良い行動だ」と自己判断できるようになることを目指しましょう。

☑自尊志向の火のつけ方

・近いレベルの競争相手と切磋琢磨する
・勝ち負けがはっきりするよう点数（スコア）を可視化する

自尊志向をくすぐりたいのであれば、まずは近いレベルの生徒がいる塾に入れましょう。負けっぱなしにならない環境が必要です。

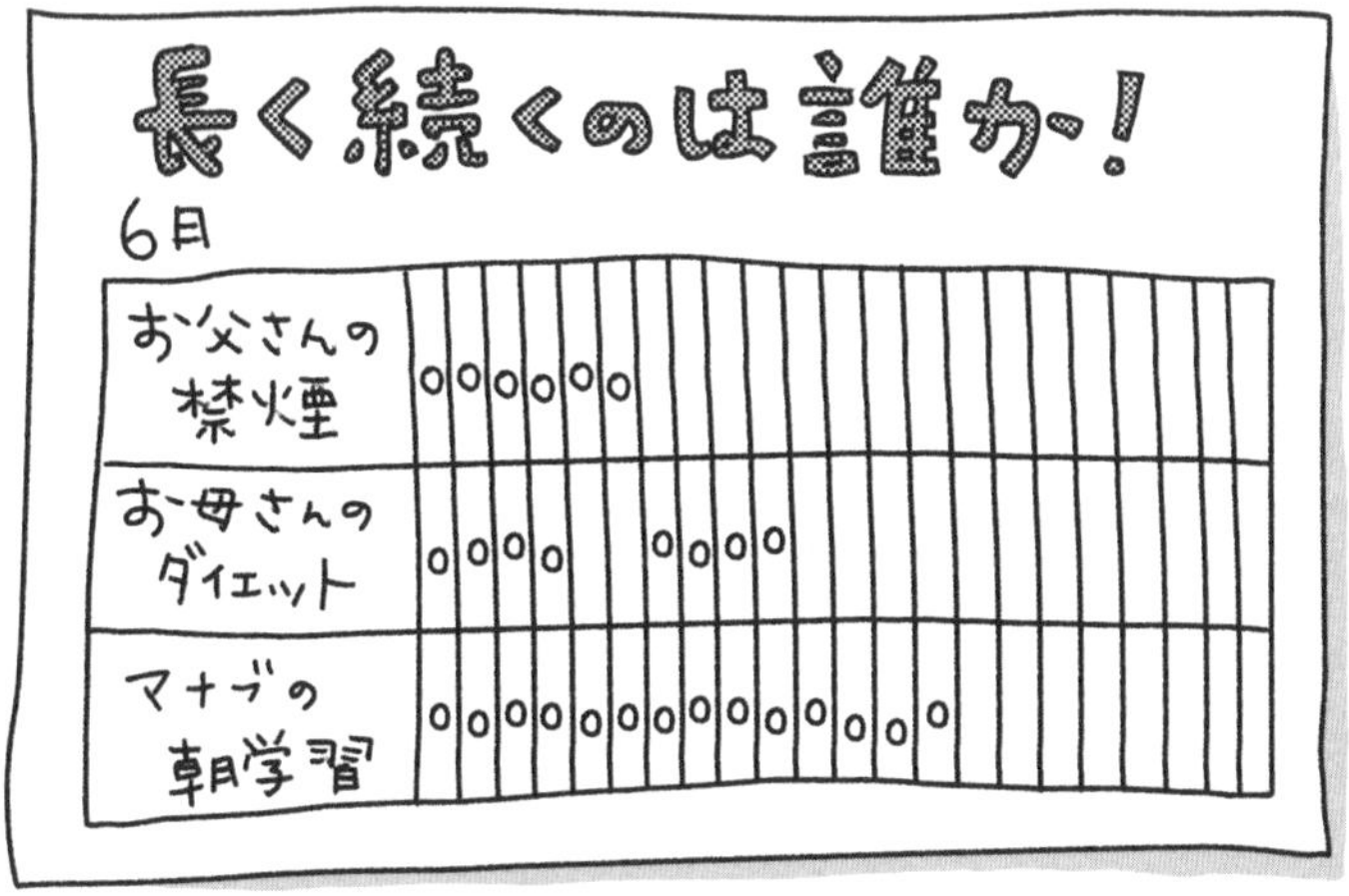

家族で目標を競争して自尊志向をくすぐる

ただ、塾ではちょうど良い環境を用意できても、家庭内では競争場面を作ることはなかなか難しいでしょう。親子でも兄弟でも、力の差があるので勝ち負けが固定されてしまいがちです。

そういうときには、競争内容に工夫が必要です。**結果を競うだけでなく、行動を競う形にしたり、ハンデを作ったりすればいい**のです。

「お父さんの禁煙・お母さんのダイエット・子どもの朝学習のどれが長く続くか」

「お父さんの会計士資格の勉強時間と、子どもの算数の勉強時間を競う」

「親も同じ算数の問題を解きつつ、解答時間を2倍して子どもと比べる」
こういったアイデアを考えてみてはいかがでしょうか。

関係志向の火のつけ方

・目的・目標を共有し、チームの連帯感を作る

・まずは親自身が子どもにもしてほしい行動をとる

塾選びの際は、そこに通う生徒とお子さんの人間関係に注目しましょう。目標が同じ子がいるほうが、子どもは燃えます。「志望校に受かった先輩がこれをやっていた」もよく聞いて実践しようとします。

例えば仲学会では、クラス内で1週間の学習時間を報告しあったり、他の生徒に応援コメントを書きあったり、算数の問題を教えあう場面を作ったりすることで、チーム感の醸成を進めています。

家庭内では、「親も勉強する」ことが最善策でしょう。「仕事の資格をとる」「料理の本を読む」「リビングで読書する習慣を作る」といった、「親が何か新しいことを学んでいる姿」をお子さんに見せましょう。私も小学生時代は親が読書をしていたので読書にはまりました（ただ、親がテレビドラマにはまったら読書から遠のきましたが）。子どもは親を何かと真似するものなのです。

まとめ

報酬志向は「叱るよりほめる」「行動を・即座に・一貫性を持ってほめる」
自尊志向は「ライバルを作る」「ほどほどの勝率を取らせる」
関係志向は「望ましい友人を作らせる」「手本を親が見せる」

5. 6つの動機のくすぐり方 目的地編

ご褒美で釣って勉強させるなんて、なんだか不純な気がして好きじゃない。でも、自分のしていた「怒って勉強させる」ことも、ご褒美を与えて勉強させるのと同じ理屈だったのか…。私たちの保護者セミナーを受けた後に、そんな感想をおっしゃる方が何人かいました。

親としては、もっと成長の喜びを実感したり、学ぶことそのものを楽しんだりしてほしい、と考えられていることでしょう。多くの方が直感的に感じているように、そのような子は良い勉強のやり方をするようになります。どうすれば、そういった動機を与えられるのでしょうか。

☑実用志向の火のつけ方

・現実に授業内容が役立っている場面を教え、考えさせる
・学校で習った内容が役立った経験を伝える

小学生が、学習内容が自分の生活から遠く感じるのは確かです。きっとあなたも、「○○なんて将来何の役に立つんだよ！」と思ったことがあるでしょう。私も英語を習っているときに、そう思いました。

実用志向は、シンプルに学んだ内容を使ってみることが一番です。例えば、子どもが嫌いになりがちな算数の「単位換算」であれば、お子さんと一緒に料理やお菓子作りをして、牛乳の量500㎖＝0・5L（1L牛乳パックの半分）といった知識を使ってみましょう。また英語であれば、海外旅行にでも行って英語を使う機会を作りましょう。

ただ、具体例を挙げればキリがない一方で、すべての学習内容に対して実用性を見つけ

出すのも難しいもの。実用志向は、「あればラッキー」くらいに考えておきましょう。

訓練志向の火のつけ方

・他者比較（偏差値）に一喜一憂せず、過去の自分からの成長に着目する
・成績を長期的に観察し、スコアの経過を自己評価させる
・失敗を「教訓を取り出す機会」としてポジティブに見る

訓練志向に子どもを誘導するには、とにかく自己比較に注目させることです。**他者ではなく、自分と比較させる**のです。ここで、親の成績に対する見方が重要になります。「あの子は高い成績なのに、うちの子は…」と思ってはいませんか？テストの結果が返ってくるたび、周りの子との順位を気にしてはいませんか？

テストの結果で一番重要な情報は、順位でも偏差値でも得点でもありません。「前回との差」「これまでとの比較」こそ、最も大事な情報なのです。1回限りのテスト結果だけで何かを測ることはできません。

「できるようになった」ことを発見してやる気に火をつける

「できるようになった」という変化をポジティブに発見してあげてください。乳児だったわが子が初めて歩いた日ほどの革命的な発見はないかもしれませんが、「つるかめ算を解けるようになること」は、じつは歩くことよりずっと難しいのではないでしょうか。「自分自身のささいな成長を見出す力」を大人になってからも持っていられるよう、子どもの時から「これができるようになったね」とこまめに伝えてあげましょう。

私は小学生のとき、自尊志向で勉強していました。幸い他にライバルも全くいない「1人勝ち」の状況が続いたので、調子に乗って勉強して開成中学校に合格できました。合格してどうなったかというと、全くと言っていいほど勉強で他人に勝てなくなり、私は勉強するのをやめてしまいました。成績はクラスどころか、学年でも下から数えて4位になるほどでした。

私が、あらためて勉強し始めたきっかけは「訓練志向」への注目でした。大学受験のために入った塾で、「君は勉強しないからこの成績なのだろうけど、勉強してみたらどれくらい上がるのか知りたくない？」と言われ、その気になったのです。

底辺からのスタートでしたが、他人の成績を気にすることはなくなりました。友達から良い参考書を聞き出し、集中力を維持できるような学習法を試行錯誤し、学習計画を徹底的に作り込んだ結果、開成でも学年トップ層に入ることができ、東大に合格しました。

今、伸学会で勉強法・学習計画に力を入れて指導しているのは、このような私の経験から来る思いもあります。**「他人と比べなくていい。昨日の自分よりよくなることに集中しよう」と思って脇目を振らずに集中すれば、結果はついてくる**はずです。

☑充実志向の火のつけ方

・面白く学べる施設に行く
・学びを面白くする工夫をする
・他の志向が満たされてきたら楽しさを見出せるようになる

充実志向にはこういったものがあたります。ARCSモデルのA「楽しくする工夫」と似ていますが、よりいっそう勉強内容そのものに楽しいと感じるのが充実志向です。

その内容が好きかどうかは、最終的には好みによります。好きになるかどうかは運次第で、コントロールすることは不可能です。これも「好きになってくれたらラッキー」くらいに思っておきましょう。

1つ言えることは、学習内容を理解できても好きになるとは限りませんが、理解できなければ好きになることは（ほぼ）ありません。ですから、まずは他の志向で学習を進められるようにすることです。そうやって学習を続けるうちに、運がよければこのエンジンにも火がつくでしょう。

まとめ

実用志向と充実志向は「あればラッキー」と考える。
正しくアプローチすればうまく働く、訓練志向を活用しよう。

6.「脳は2階建て」と知っておこう

ついさっきまで、ちゃんと言うことを聞いてくれる良い子モードだったのに、急に言うことを聞かない駄々っ子モードに…。子どもにはよくありますよね。電車、レストラン、スーパーマーケットなどなど、わがままを言われると困るというタイミングに限って、そうなったりします。泣きわめく子どもに、「もうちょっとガマンして〜」と言ってもまるで通じません。泣きたくなるのはこっちだよ！ そんな経験は、親であれば誰でもあるでしょう。

なぜ、子どもの気性はこうも落差が激しいのでしょうか？ まるで人格が2つあるかのようです。それもそのはず、実は人間は「理性的な脳」と「原始的な脳」の2つの脳を持っているのです。理性的な脳がしっかり働いているとき、子どもは良い子モードでいてくれます。親としてすべきは、お子さんに「理性的な脳」の使い方を教えてあげることです。まずはこの脳の仕組みからお伝えしていこうと思います。

2階の脳は、言葉の脳

子どもの脳を、2階建ての家だと考えてください。「自動的プロセス」と「統制的プロセス」、「システム1」と「システム2」など書籍や研究者によって呼び方は異なりますが、大まかに言って1階が直感で、2階が理性です。この2階建てで脳ができている状態をイメージすると、人間の行動・思考をイメージしやすくなります。

簡潔に説明すると、2階の脳が論理的思考力を担当しています。この2階の脳が、「もしこれをしたら、結果がこうなる」といった未来への見通しや、「あのときこうだったから、今こうなっている」という過去の振り返りを可能にするのです。

さらに、2階の脳は「心の監督」も司ります。つまり学習計画を立て、現時点での状況を監督目線で客観的に分析し、成功や失敗の分析をする力は2階の脳に左右されるのです。

理性や論理的思考力は、人間のコミュニケーション能力の進化から派生したと言われています。そして、それは人類の進化だけでなく、1人の子どもの成長においてもそうです。

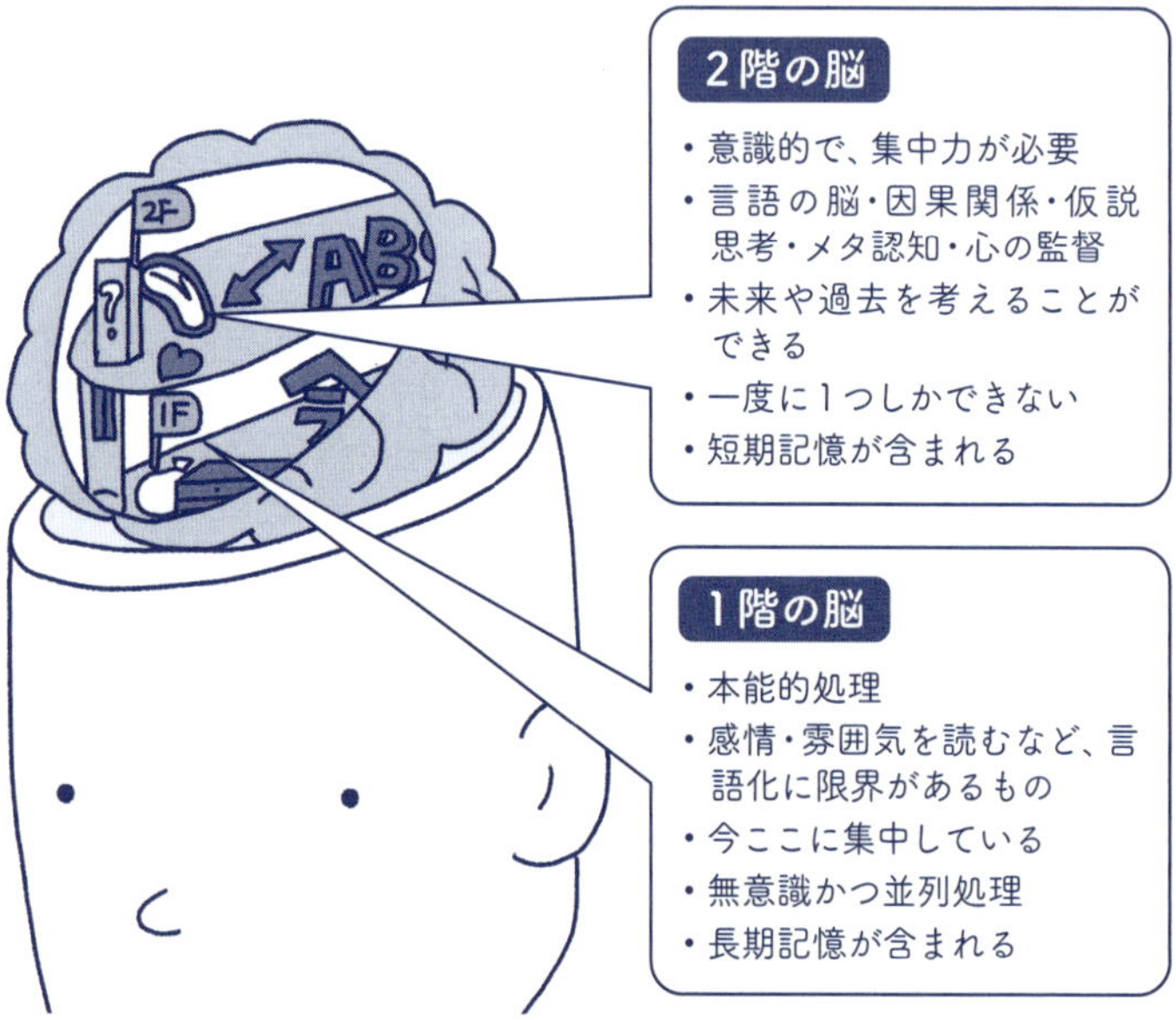
2F
1F
ABC
2階の脳
・意識的で、集中力が必要
・言語の脳・因果関係・仮説思考・メタ認知・心の監督
・未来や過去を考えることができる
・一度に1つしかできない
・短期記憶が含まれる
1階の脳
・本能的処理
・感情・雰囲気を読むなど、言語化に限界があるもの
・今ここに集中している
・無意識かつ並列処理
・長期記憶が含まれる

子どもが独り言を言うようになることが、2階の脳の成長の第一歩です。外に垂れ流してはいますが、考えるために自分に話しかけているのです。大人も物事を考えるとき、頭の中で独り言をしているはずです。考えることのスタートは、子どものときの独り言にあるのです。

子どもが考えを口に出している場面で、論理的思考力が成長しています。お子さんの発言を遮らずに、たくさん喋らせて考えさせましょう。

独り言を使った教育法を「シンキングアラウド法」と言います。**子ど**

もは新しい問題に出会ったとき、解決するための頭の使い方を知らない場合があります。そこで、親が独り言をしながら作業することで思考過程をすべて見せます。その後に問題を解かせるときも、すべて子どもに独り言をしゃべらせて確認させます。電車の車掌が指差し確認をするようにして解いていく感じですね。

「わかったつもり」という1階の脳の思い込みも、言葉を使って解消できます。2階の脳で本当に理解しているなら、言葉で説明できるはずなのです。**「考えるとは、言葉にすること」「わかっているとは、言葉で説明できること」**とは、私たちも繰り返し生徒たちに言い聞かせています。

☑子どもの2階の脳を動かすための声かけ

お子さんの2階の脳を育てるには、とにかく説明させることです。言葉で説明できることが、2階の脳でわかっているということです。**自分の状況を、言葉で説明することで、自分のことを客観視できるようになります。**

お子さんが集中を欠き、よくないことをしているときには、「ダメでしょ！」などと評

2階の脳を育てるために言葉で説明させる

価を下す前に、「何をしているの？」「今は何をする時間なの？」と聞いて、言葉で説明させましょう。

　例えば、私たちは生徒が不要な私語をしたとき、「なぜそれを言ったの？」「目的は何？」「どういう良いことがあると思ってしたの？」と聞くことにしています。目的のある私語をしていたなら、この質問に対して「これを聞きたいと思って」「消しゴムを拾ってくれるよう頼んでいた」「問題を考える上での独り言だった」という回答ができます。

　しかし、失敗した生徒を冷やかしていた場合、「なぜそうしたのか？」には答えられません。学校での出来事を思い出して「そう言えば…」と関係ない話をしていた場合も、なぜそれを思い出したのかは論理的には説明できないのです。

これらは、「他人をバカにしていい気分になりたい」「なぜか急に思い出したことを伝えて共感されたい」と無意識に考えての行動です。**1階の脳の行動は学習の場にはふさわしくありません。**こういう感情を持つこと・反応しそうになること自体は特に悪いことではありませんが、場を意識して感情をコントロールする力を鍛えてもらいましょう。

☑勉強している自分を見せて客観視させる

ある生徒が、毎回の授業でペンを分解しては組み立てることを繰り返していました。真面目に授業を受けるよう促すものの、「自分はいたって真剣で真面目だ」と言うのです。そこで、授業中ずっと真横にタブレットを置いて撮影しました。

授業後に生徒と動画を確認すると、ペンを分解しては組み立てる姿が記録されています。その動画を見て生徒がポツリ。「こんなことをしていたなんて…」。そう、無意識なのです。

勉強中の動画で自分を客観的に見る

1階の脳による行動は無意識に始めているので覚えていないのです。

この生徒は、「動画を撮って毎回確認すると、自己客観視の発見がある」ということに良さを感じたのか、その後もずっと授業中は横にタブレットをおいて動画を撮り続けました。このような経験から、自己客観視の力がつくこともあります。

2階の脳が働きにくくなるとき

お子さんの2階の脳は建設中です。20代半ばまで建設は続きます。建設中の2階の脳が、時々不具合を起こすのは当然です。親としては、その時の能力不足を悪意や性格の悪さと解釈しないようにしましょう。

サボったり、言い訳を延々と続けたりしていても、「悪い子」ではありません。ただ機嫌が悪く、自分の感情をコントロールできずに困っているというだけです。一種のSOSサインだと捉えましょう。

2階の脳は、特に働きにくくなる時があります。ダニエル・J・シーゲルとティナ・ペイン・ブランソン著『子供の脳を伸ばす「しつけ」』(大和書房)では、2階の脳が働きにくくなるときを「すいさつ」とまとめています。

「お腹が**す**いている、**い**らついている、**さ**びしい、**つ**かれている」の4つです。お子さんをよく見て、この「すいさつ」に当てはまる時は、「勉強しない」でなく「今はできる状況じゃない」だと捉えましょう。

まとめ

計画的に学び、自己修正する力は2階の脳にある。2階の脳は建設中なので、能力不足やコンディション不良を悪く解釈しない。

7. 目前のメリット（誘惑）V.S. 未来のメリット（目標）

やせてすっきりボディになりたいのに、目の前のケーキをガマンできない…。そんな悩みや後悔を多くの人が抱えています。同じように、子どもも成績を上げて志望校に合格したいのに、目の前のゲームやテレビをガマンすることが難しいもの。テストが終わった後で、「なんでもっと勉強しなかったんだろう…」と後悔するのです。

目先の誘惑に打ち克ち、未来の目標のために行動できるようにするにはどうしたらいいのでしょうか？

☑10歳の1年後は40歳の4年後と等しい？

「今すぐもらえる1万円と来年もらえる1万1千円、どっちがいい？」

こう問われたら、どっちを選びますか？　きっと迷うのではないでしょうか。子どもたちにも試しに聞いてみたら、多くの子は「今すぐ1万円がほしい」と答えました。金額を

子ども(10歳)の
時間感覚は
大人(40歳)の4倍
長い

上げて「来年まで待てば2万円もらえるけど、どっちがいい？」と聞いても、それでも「今すぐ1万円」と答える子もいるほどです。

これは人間の脳の性質によるもので、「時間割引」と呼ばれます。**未来のメリットは、目先のメリットに比べて小さく感じてしまうのです。**

しかも、子どもの時間感覚は大人とは大きく異なります。時間感覚はだいたい年齢に反比例するという説がありますが、それに従えば**10歳の子どもの時間感覚は、40歳前後の人の4倍長く感じる**ということです。

つまり、子どもにとっての1年後は、40歳前後の人にとっての4年後と同じ長さに感じるということ。子どもには「時間割引」が大人以上に強力にかかるのです。この**「時間割引」の克服が、未来の目標を達成するためのやる気の維持には欠かせません。**そのためのトレーニングが必要なのです。

☑冷静なときに比べておく

そこでオススメしたいのが、誘惑が目の前に迫っていないときの、冷静な頭での損得勘定です。**人は誘惑の前では判断力を失いがちで、誤った判断をしてしまうもの**なのです。ですから、冷静なときにどちらがトクかを考えておくのです。

先ほどのお金の例で言えば、1年間で10%も増えるのは、近年の銀行の利息を考えると、かなりおトクですね。そう考えることができれば、待つという選択をすることができるようになります。

☑天びんを描かせて比べさせる

子どもにもわかりやすくするために、私たちが実際にやっているのは、こういった比較

天びんの絵を描いて比較させる

を絵にして考えさせるというものです。**天びんの絵を描いて、お皿にそれぞれ目先の誘惑と未来の目標を描かせます。**

「友達との遊び」と「成績アップ」。

「ゲーム」と「クラスアップ」。

「テレビ」と「志望校合格」。

「ダラダラする」と「憧れの部活に入る」。

こういったものを実際に描いて比べてみると、未来の目標のほうが価値が大きいことに気づきます。

そして、いざ目の前に誘惑が来ても、この比較を思い出して踏み止まれるようになるのです。

伸学会の卒業生N君は、この天びんがお気に入りでした。マンガと成績アップを秤にかけて、成績アップのほうが重要だと心から思えるようになりました。その結果、格段に誘惑に勝てるようになったのです。みなさんも、お子さんに天びんの絵を描いて比較させてみてください。

まとめ

目先の誘惑をガマンするには、そうするべき理由が必要。その理由を本人に理解させるため、目先の欲求と未来の目標を天びんに描いてみる。

8.人生で成功するための誘惑に負けない技術

人生で成功するために最も必要なものは何だかご存知ですか？

様々な説がありますが、少なくともそれは「学力」でもなければ「学歴」でもありません。最近の研究では、「意志力」や「やりぬく力（グリット）」と呼ばれるものというのが有力です。これらは複合的な力なので、どんなものか想像がつきにくいかもしれません。もう少しわかりやすく説明すると、これらの力に共通する大きな要素は「ガマン強さ」です。

☑「ウチの子は将来成功できるのか」がわかる実験

「マシュマロテスト」をご存知でしょうか。ガマン強さを試すもので（※当初の目的は別でしたが）、子どもの将来の成功を予測できる実験として有名になりました。

古くは1960年代に、スタンフォード大学に併設されているビング保育園で行われた簡単な実験です。園児たちにマシュマロ、クッキー、ミント菓子などの中から一番ほしい

ガマン強さを試す「マシュマロテスト」

ものを選ばせます。そして、今すぐに1個もらうか、1人きりで最長20分待ってもう1つもらうかを選ばせるのです。次の動画で「すぐに食べたい」と「もう1つほしい」の間で揺れ動く子どもたちの様子を実際に見てみると、どういったものかがよりわかりやすいでしょう。

(https://www.YouTube.com/watch?v=QX_oy9614HQ)

この実験は、内容としては前項で例に挙げた、「目先の1万円と未来の1万1千円のどちらを選ぶか?」と同じだとおわかりいただけるでしょう。

後の追跡調査で、4〜5歳のときに行われたこの実験で、より長い時間耐えられた子ほど、大学進学適性試験の成績がよく、青年期の社会的・認知的機能の評価が高いということが判明しました。

さらには、肥満指数や歯の状態などの健康状態、収入、持ち家率、離婚率、前科を持つ割合などなど、プラス面でもマイナス面でも、このマシュマロテストと将来の状態には相関関係があることが確認されました。子どもがそのまま育った場合に将来成功するかしないかは、4～5歳の段階でだいたいわかってしまうということです。

もしあなたのお子さんが、マシュマロテストをクリアできなかったとしたら……このままだと将来は暗いものになる確率が高いでしょう。学生時代の成績は悪く、青年期に仕事についても社会的に評価されず、収入も低く、太って不健康な体型になり、歯もボロボロで、結婚してもすぐに離婚してしまい、もしかしたら何かしらの犯罪を犯して前科持ち、薬物中毒になっているかもしれません。

ただ、あくまでも確率的に言って、クリアできた子たちに比べて、そうなりやすいというだけの話です。必ずそうなるとは限りませんが、恐ろしい話ですよね。そこで、素晴らしいお知らせがあります。

☑誘惑から目をそらせ

様々な研究の結果、マシュマロテストにはクリアするための「コツ」があることがわかりました。それを実践すれば、多くの子が長い時間耐えられるようになることもわかりました。コツとは技術であり、誰にでも再現できるということです。

このコツさえ覚えれば、お子さんも「マシュマロをもう1つもらうため」に「目の前のマシュマロ」をガマンできるようになり、「受験に合格するため」に「目の前のテレビ・ゲーム」をガマンできるようになり、「起業・家の購入・結婚に向けた資金を蓄えるため」に「目の前の外食・買い物・旅行」をガマンできるようになるのです。

なんだか将来の成功が近づいてきそうだと感じませんか。伸学会では、算国理社の科目指導よりも、こういった自己コントロール技術の指導を大事にしています。たとえ今はマ

子どもが誘惑に負けないカンタンなコツ

・ゲームが終わったら決まった位置に片づける

・マンガは本棚の後ろの列に、手前には真面目な本を並べる

・テレビにカバーをつけて、見ないときはカバーをかける。

シュマロの誘惑に負けてしまっても、お子さんの人生を諦めなくて大丈夫なのです。

そのコツとは、冷静な2階の脳に思考をシフトする技術です。前項で説明した、目先の欲求と未来の目標を天秤に描くのも技術の1つですが、もう1つ簡単かつ効果的な技術をお伝えしますので、ぜひ覚えて実践してみてください。

マシュマロテストでは、マシュマロをじっと見続けた子たちは失敗する確率が高く、マシュマロを見ないようにした子たちは成功する確率が高かったそうです。また、ダイエット中の大人を対象にした実験でも、机の引き出しの中にチョコレートを片づけた人たちは、机の上にチョコレートを置いた人たちの3分の1しかチョコレートを消費しませんでした。

つまり、**誘惑を〝目の前〟から遠ざけるだけで、誘惑に負けなくなる**ということ。

これは伸学会でも繰り返し指導していることで、効果は抜群です。ゲームが終わったら決まった位置に片づける。マンガは本棚の後ろの列に置き、手前の列には真面目な本を並べる。テレビにはカバーをつけて、見ないときにはカバーをかけて目につかないようにする。ついでにコンセントも抜いておくと、さらによし。

たったこれだけのことで、誘惑に負ける頻度が激減しました。あなたのご家庭でもぜひ取り入れてみてください。

まとめ

誘惑に負けないための最も簡単かつ有効なコツの1つが、誘惑から目をそらすこと。自宅にある誘惑のもとをすべて隠してしまおう。

9・アップル、Googleも取り入れている自制心の鍛え方

あなたは脳を物理的・肉体的に鍛える方法をご存知ですか？ これからご紹介するエクササイズは、お子さんの脳、もっと具体的に言うと自制心を司る脳の前頭前皮質を鍛えてくれます。すなわち2階の脳のことです。

想像してみてください。脳が鍛えられ、強い自制心を身につけたお子さんの姿を。やってはいけないことをガマンし、理想の自分になるために、やるべきことに打ち込んでいます。その結果、成績が上がり、志望校の合格をつかみ、将来なりたい仕事に就くことができます。

学習意欲を引き出すRの要素の1つとして「目的と関連づけること」がありますが、まず目的・目標がなければどうにもなりません。なりたい自分になるお手伝いはできても、

なりたい自分を押しつけることはできないのです。私たちも、「目標がない」子にほとほと手を焼いてきました。「勉強ギライ」と並んで、困ってしまうパターンの1つです。

この脳を鍛えるエクササイズは本書の直接テーマであるARCSモデルの枠組みからは少し外れますが、まずは子どもの「自分の理想を描く力」を育てる必要があります。その力は前述の前頭前皮質から生まれるということで、Rの前提となる脳力を身につけるためのエクササイズをご紹介しましょう。

ハーバード大学お墨つきの脳トレ法

ご家庭で取り入れてみてほしいエクササイズとは「瞑想」です。瞑想をすると、前頭前皮質への血流が増えることが確認されています。やればやるほど、脳はもっとうまくできるようになろうとして大きくなり、速く働くようになります。

米ハーバード大学の研究グループがMRI（磁気共鳴画像法）で調べたところ、瞑想を定期的に行うグループの人たちの脳は、集中力・感情の抑制・頭の柔軟性を司る脳の前頭前皮質の灰白質が増加していたそうです。つまり、**瞑想によって脳の「自制心」を司る部分が特に鍛えられる**のです。

そのため、瞑想はスティーブ・ジョブズが実践したり、Googleが社内研修で取り入れたりするようになり、ビジネス界でも注目を集めてきました。私たちはそれを教育にも取り入れています。

子どもでもちゃんとできるカンタン瞑想法

瞑想というと、子どもには難しそうなイメージがありますが、そんなことはありません。「座禅のような特別な姿勢で、思考と感情をなくして、無の状態を作る」という完璧なものでなくても効果はあります。具体的に見ていきましょう。

①動かずにじっと座る

・椅子に座って足の裏を床にピッタリつける
・背筋を伸ばし、両手は膝の上に置く

・手足を動かさないように、止まることを意識する

②呼吸に意識を集中する

・目を閉じるか、どこか一点を見つめる
・呼吸に意識を集中する
・心の中で「吸って」「吐いて」と繰り返す
・気が散り出すたびに呼吸に意識を戻す

③呼吸をしているときの感覚をつかむ

・数分経ったら心の中で「吸って」「吐いて」と言うのをやめる
・お腹や胸が膨らんだり萎んだりする感覚に集中する
・他のことを考えてしまっていることに気づいたら、そのたび呼吸に意識を戻す
・感覚だけに集中するのが難しければ、また「吸って」「吐いて」と言う

大人でも多くの人は、瞑想をしていると頭の中に色々な思考が浮かんでは消えていくも

①動かずにじっと座る

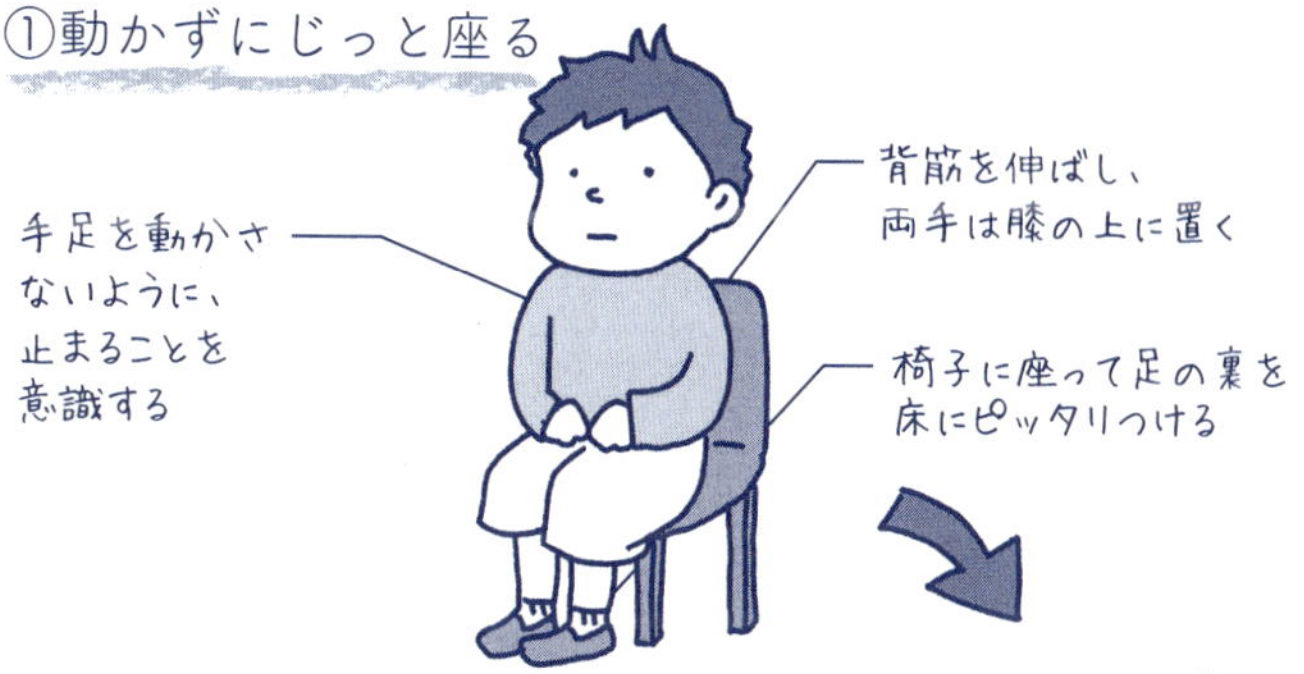

②呼吸に意識を集中する

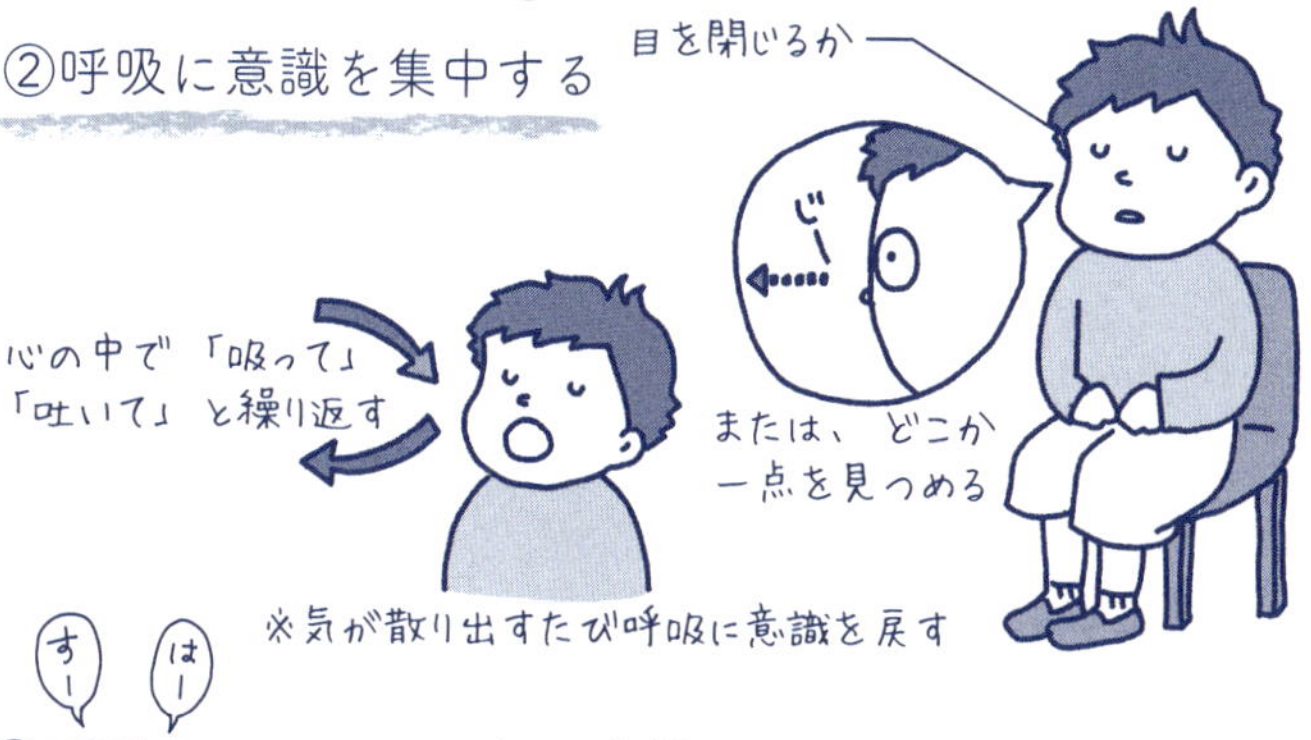

③呼吸をしているときの感覚をつかむ

のです。私もそうです。そのたびに、また自分を瞑想に引き戻せばいいのです。確かに瞑想していても、すぐに気が散ってしまう子は多いです。そわそわしてしまったり、キョロキョロしたり、他のことを考えてしまったり。でも、上手にできない子ほど、じつは大きな成長があります。

「宿題をちゃんと終わらせられない」「ゲームがいつまでもやめられない」「時間を守れない」「忘れ物が多い」などの問題を抱える子は、目標から離れそうになっている自分を認識し、軌道修正することが苦手です。つまり、メタ認知能力が低いのです。

そういう子は、やはり最初は瞑想も苦手です。だからこそ、**気が散っている自分に気づき（自己認識）、呼吸に意識を戻そうとすること（自己コントロール）がとてもいい訓練になる**のです。集中できないと効果がないなんて思わず、気が散って戻ってを繰り返しながら少しずつ上手にできるようになろう、とお子さんに声をかけてあげてください。

伸学会の生徒たちも、継続的に続けてきた結果、だいぶ自己コントロールがうまくなってきました。その効果をとても実感しています。ぜひ、ご家庭でも取り入れてみて、お子さんの脳を鍛えてあげてください。

まとめ

目的を持つためにも脳力が必要。瞑想をすることで、その脳力を鍛えよう。

10. 目標は子どもに設定させる

「次の模試では偏差値62を目指そうね！」

お子さんに、そんな声かけをしてしまったことはないでしょうか？ 多くの親がやりがちな失敗として、「目標を与えること」があります。

子どもは親に比べて圧倒的に経験不足です。

・将来どうなったらいいか
・そのために数年後にどうなっていたらいいか
・そのために来月どうなっていたらいいか

このようにゴールから逆算して、途中経過となる目標を設定することは苦手です。

そうなると多くの親がやるのは、「代わりに目標を設定してあげること」です。

他人が決めた目標を目指すのは面白くない

将来この子が安泰になるように、受験であの学校に行かせなきゃ。そのためにはあの塾に早い時期に入会して、上位のクラスを維持させなきゃ……。

そうやって、お子さんのためにレールを敷き、レールから外れそうになると一所懸命に軌道修正しようとします。ところが……。

誰かに目標を決められたら盛り上がるわけがない

前項でも書きましたが、人には「自分のことは自分で決めたい」という根源的な欲求があります。この「自律性」の欲求はとても強力です。

「自律性」を奪われて誰かが立てた計画通りに行動するのは、勉強だろうと仕事だろうと面白く感じない、ということはすでに書きました。同じように、**誰かが決めた目標を目指すのは面白く感じない**のです。

だから、よかれと思って親が目標を決めて、そこを目指して行動させようとしても、お子さんはその目標に対して当事者意識を持てません。情熱を感じないのです。つまり、〝冷めた子〟のできあがりです。

そういった子は、目の前にテレビやゲームといった誘惑があるとガマンできません。「誘惑」と「目標」を天秤にかけたら、「目標」が軽いのですから当然です。それでは困りますよね。そこで重要になるのが、**お子さんが目標を自分で決められるように育てる**ことです。

☑子どもに与えるべきは「目標」ではなく「情報」

子どもが目標を立てられないのは「経験不足」と、それによる「知識不足」によるものです。知らない目標は目指せません。小さな子がよく知りもしないのに、「将来はシステ

情報を与えた子どもは行動が変わる

ムエンジニアになりたい」なんて言いません。小さな子の将来の夢は「お花屋さん」「パン屋さん」「電車の運転手」「アイドル」「Youtuber」など、目にして知っているものです。ですから、**お子さんが自分で目標を立てられるようになるためには、まず知識不足を補うことが重要**なのです。

話は少し横道にそれますが、個人レベルではなく国家レベルでの教育政策の話をしてみたいと思います。情報を子どもに提供することで、子どもの学力が大幅に伸びたとするマダガスカルで行われた実験結果があります。

小学生をランダムに分けて、あるグループの親子には、教育に学費や時間をかけることで将来どれだけの収入につながるかを教えました。そして5か月後、その教育の収益率情報を知らされなかった子どもたちと比較したところ、知らされた子どもたちの学力は大きく上がっていたことが示されています。

マサチューセッツ工科大学の貧困アクションラボは、様々な研究の蓄積と比較を行っています。それによると、たった5ヶ月の情報を提供するだけというコストのほとんどかからない方法で、テネシー州で2年間にわたって実施された多大なコストがかかる少人数学級よりも高い効果が得られたそうです。この結果は、情報提供を通じて子どもたちに「勉強するべき理由（R）」を与えることの重要性を私たちに教えてくれます（マダガスカルの実験では親も含めてですが）。

学歴と年収の関係を子どもに教えることには、抵抗を感じる方が多くいらっしゃいます。ですが、あなたのお子さんがこの情報を知らないまま大人になり、後から知ることになったときを想像してみてください。もし、知らないまま努力する機会を逃すのは損失だと考えるなら、プレジデントや東洋経済に定期的に学歴・年収ランキングが載っていますからご活用ください。

☑職業体験や中学校見学も立派なやる気情報の源

キッザニアのような場所で、職業体験をしてみるのもいいでしょう。やってみて好きな仕事を見つけたら、その仕事に就くためにはどういったルートをたどればいいのかを考えさせましょう。

歯医者さんになるには大学は歯学部？　裁判官になるにはロースクール？　試験に合格するにはどれくらい勉強しなければいけないの？　そういったことを考えると、「勉強するべき理由（R）」が見えてくるでしょう。

勉強すべき理由が見えてくる職業体験

また、伸学会でもオススメしているのが、早い段階での中学校見学です。私立中学校は公立中学校とは設備が段違いです。「トイレが圧倒的にキレイ」というだけで、私立に行きたいという子もいるほどです。グラウンドや体育館の設備、理科室の設備、授業で使う顕微鏡やパソコンの台数などなど、挙げればきりがありません。

ラグビー部などのように、近所の中学校にはなかなかない部活があると、それが目当てで入学を目指す子もいます。これらはわかりやすく、子どもにとっての「勉強するべき理由（R）」になります。

ただし、現在の自分の力とかけ離れた目標は、かえって子どものやる気をそぐことになります（詳細は3章で）。そのため、連れていくのはある程度目指せる目途がある学校から選びましょう。

目標を自分で言えるまで待つ

親としては、情報を与え続けて、お子さんの中から目標が芽生えるのをじっと待ちましょ

う。慌てなくても、そのうち自然と出てくるものです。

ただ、人は忘れる生き物です。こうなりたいという目標を持っても、その気持ちは放っておけば薄れます。だから、**お子さんにはその目標を忘れないように、何度も思い出すきっかけを与えてあげてください。**お子さんにどうなりたいのかを聞いて、その目標に対してその想いを受け取りましょう。

お子さんがある程度の年齢であれば、「こうなりたいから○○する」という「行動目標」まで考えられるようにしてあげたらいいですね。自分の中から出てきた「勉強するべき理由（R）」ですから、お子さんはやる気に燃えることでしょう。

まとめ

まだ目標を決めるだけの経験・知識がない子には、親は情報を提供する。そして、子どもから目標が出てくるのを待つ。

11. わが子の思考力を伸ばす親の質問センス

「お前はきっと○○だと考えてるんだよな？」

三者面談のときに、そんなふうに保護者の方がお子さんの考えを代弁しているのを目の当たりにし、正直心の中で頭を抱えたことがあります。その推察が仮に当たっていたとしても、これは子どもの思考力を奪う典型的なＮＧ行動です。

２階の脳は、言葉を使って説明する経験を通じて成長していきます。**子どもの言葉を待たずに親が代わりに言ってあげたり、何かをしてあげたりすることは、成長の機会を奪うことです。**子どもの宿題を代わりにやってあげるのと同じです。

思考力を伸ばしたければ、日頃からお子さんに言葉で説明させる経験を積ませてあげましょう。そのために使うといいのが「質問」です。この項では、質問力を増すためのテク

子どもの言葉を待って、話を聞いてあげる

ニックを紹介します。

☑子どもは自分の話を聞いてほしい

人は話したがる生き物です。自分の話を聞いてくれる人に好感を持つようにできています。お子さんにはたくさん話をさせてあげましょう。いつも、親子の会話ではどちらが多くしゃべっていますか? 大半が親の発言で、子どもはあいづちをうったり、うなづくだけになっていたりしていないでしょうか。

「話す:聞く=1:2」を目安にしましょう。子どもが親の2倍はしゃべっている状況を作るのです。質問を通じて子どもの2

階の脳を鍛えると言っても、親が長くしゃべった上で「～ということでしょ?」と聞くのでは尋問と一緒です。会話の主役はお子さんに演じさせてあげてください。

では、親がすることは何か。まずは、**子どもが言ったことを、そのまま繰り返しましょう。**復唱するのです。復唱には「聞いている」「わかっている」ことを伝え、安心させる力があります。何度も同じことを繰り返し、親が「わかった」と言ってもやめない子は、親が本当にわかってくれているか不安なのです。同じことを親が繰り返せば、これ以上ない「わかっている」アピールになります。

鏡のように、オウムのように復唱すると、子どもが「間違ったことを言った」際に自分自身で気づくことができるようになります。他人のミスはすぐ見えても、自分のミスはわからないもの。自分の発言を人に繰り返してもらうことで、客観視しやすくなるのです。

親の返答や意見は、復唱した後で付け加えればよいのです。「～だと思ったんだね。私は～だと思うよ」と、いったん受け止めた上で返答するのです。この**「復唱＋返答」「復**

唱+質問」を会話の基本にすることを心がけましょう。

☑質問テクニック①「5W1H」

質問の基本は、英語の疑問詞「5W1H」です。

（WHAT） 具体的にどういう状況？ 今、何をしているの？ 今日のよかったことは？
（WHY） なぜそう思う？ そうなった理由は何だろう？
（HOW） どのくらいそう思う？ どんな気持ち？ 今日の自分は何点？
（WHEN） いつ、どういうときそう思う？
（WHERE） どこにいるとき、どんな状況でそう感じる？
（WHO） 誰と？ どんな人？ どの人に似ている？

特に子どもに対して有効なのは、「今、何をしたの？」です。子どもは、自分が何をしたのかわかっていないことが多いのです。トラブルを起こして騒いでいるときは、たいてい「あの子が～した」と他人の話をします。そこで「君は何をしたの？」と聞くと、そこから自己客観視が始まります。

☑質問テクニック②「やさしい言葉を使う」

「なんで？」「どうして？」は非常に攻撃的に聞こえるセリフです。2階の脳を鍛えたいのに、子どもが「攻撃されている」と感じてしまったら、それは1階の脳を刺激するだけで終わってしまいます。そこで、**何かとやさしい言い回しに変えてみてください。**

「どうしてうまくいかなかったの？」は「うまくいかなかった原因は何かな？」「敗因は何だろう？」に、「なんでそんなことしたの？」は「その目的を教えてほしいな、どういういいことがあると思ってやったの？」に変えましょう。「原因を考える」「目的を考える」と言うだけで、少し冷静になれるものなのです。

☑質問テクニック③「主観的な意見の理由を問う」

「駄々をこねるだけ」を論理的思考へ導くには、自分の意見を客観視させる必要があります。そこで、主観的な発言に目を向けるのです。

子どもの思考力を伸ばす3つの質問テクニック

質問テクニック① 5W1H

(WHAT) 具体的にどういう状況？ 今、何をしているの？
(WHY) なぜそう思う？ そうなった理由は何だろう？
(HOW) どのくらいそう思う？ どんな気持ち？
(WHEN) いつ、どういうときそう思う？
(WHERE) どこにいるとき、どんな状況でそう感じる？
(WHO) 誰と？ どんな人？

質問テクニック② やさしい言葉を使う

「どうしてうまくいかなかったの？」
→「うまく行かなかった原因は何かな？」
「なんでそんなことしたの？」
→「その目的を教えてほしいな、どういういいことがあると思ってやったの？」

質問テクニック③ 主観的な意見の理由を問う

「Aちゃんは頭がいい」
→「どうしてAちゃんのことを頭がいいって思うの？」

感情…「面白かった」
「つまらなかった」
「嫌い」
評価…「頭がいい」
「頑張った」
「難しい」
「得意だ」

親自身も、この主観的評価に敏感になってください。「成績が悪い」は全く客観的ではありません。「偏差値が50だ」という事実があったとして、それを良い悪いのどちらととらえるかは主観的な評価に過ぎません。主観的な評価は選べます。「宿題を半分終わらせた」に対して、「成長」と「焦り」のどちらを感じるかも親自身が選べるのです。そして、主観的な評価だからこそ、子どもと親の意見が異なっていてもおかしくありません。

子どもの感情の理由、評価の根拠を問うと、思考が深まります。「どうしてあの子のことを頭がいいって思うの？」「頭がいいって何だろう？」と考える機会が得られます。「成績がいいから」「算数を速く解けるから」が返答なら、「なぜ成績がよければ頭がいいことになるのか」「なぜその子は成績がいいのか」「予定を立てて計画的に行動できる人こそ頭がいいのではないのか」と考えを深めることができるでしょう。「どういうところが難しかった？」から、「難しい問題とはどういう問題のことなのか」「どういう練習をすれば難しい問題と闘えるのか」を考えていくこともできます。

あるとき、生徒の宿題を増やしたところ、「多いよ！　無理！」という声が出ました。そこで、「じゃあ、なぜ無理だと思うの？」「今までの宿題にかかった時間ってどれくらい？」「今回の宿題は、それと比べてそんなに大きく変わる？」と聞いていくと、子どもたちは最初の直感が大げさだったことに徐々に気づいていきました。

理由なく、根拠なく、降って湧いた「多い！」という直感は、あくまで1階の脳の判断です。過去のデータと比べて数字で考えること。2階の脳を使った冷静な判断を自力でするることは難しい。そこで親が質問を通じて考えさせ、手伝い支えるのです。

まとめ

子どもにたくさん説明させよう。大人は「話す：聞く＝1：2」を意識する。「5W1H」「やさしい言葉」「主観的な意見の理由」が質問のコツ。

3章

Confidence
～「自分もできそう」と思わせる～

ジャー
あ、そうだわ今日は
マナブのテストが戻ってくるんだっけ
算数が苦手みたいだけど
うまくいったのかしら…
よいしょっと
ただいまー
うーん…
社会はいいけど算数がねえ…
95
社会
65
算数
だって算数難しすぎるし
こんなのわからないよ!
お母さんは分かるの?!
うっ
ギク
算数
5-2 伊藤 学
次の図形の面積を求めなさい
ただし
の角度を求め
答え 130°
どうせ僕はこんなのできな…
スッ

しーー
さ、こっちへおいで
マナブくんこの面積わかるかな
5cm
キュ
なんだ、ただのおうぎ形じゃん
こんなのカンタンだよ♪
さっ
サラサラ
できたっ
おおすごいね!
じゃあこれは?
楽勝だよ!
さぁ、来い!!
マナブくんたくさん問題解いてえらいなぁ
すごい…
見違えるよう…

1.「才能」と「努力」、子どもの能力はどっちで決まる？

「うちの子は才能があるかも…」「将来は大物になるんじゃ…」とか、逆に「うちの子は才能がないかも…」「将来大丈夫かしら…」とか、こんなふうに考えたことはないでしょうか。

同じくらいの月齢・年齢の子に比べて、子どもの成長が早かったり遅かったりする部分は何かしらあるもの。同じように育てているつもりでも、兄弟姉妹間ですら差は出てきます。そうすると、「才能がある（ない）かも」と思うのも当然ですよね。

確かに、遺伝的な能力差というのは存在します。知能が高かったり低かったり、筋肉がつきやすかったりつきにくかったり、身長が高かったり低かったり。能力は能力の土台の上に積み重ねるものですから、持って生まれた基礎的な能力（＝才能）があるほうが有利なスタートを切れます。

「成功には才能が必要」という大きな誤解

幼児期から小学生くらいまでの間だと、この差は意外と大きいです。その差を見て、浮かれたり不安になったりするのが親心というものでしょう。しかし、じつはそんな必要はないのです!

☑ 才能は成功に必要な要素のごくごく一部でしかない

世の中によくある誤解の1つに、「成功には特別な才能が必要」という認識があります。現在、人間の能力と才能の関係についての研究が進んでいます。音楽、執筆、起業、チェスや囲碁などのゲーム、スポーツと多岐にわたる分野で、卓越した能力を示す超一流の人と、そこに届かない二流の人たちの差は何なのかが解明されつつあります。

その研究結果で示されているのは、**超一流と二流との最も大きな違いは「練習の量」**だという事実です。例外的に、スポーツの世界だけは「体格」という才能が、ある程度成功するかしないかの差になるそうですが、それ以外の分野では才能の差はほぼ無関係ということです。

例えば、韓国囲碁界のトップ棋士たちを対象にした最近の研究では、彼らの平均IQは約93で、一般人の平均IQ100と比べて低いことが明らかになっています。トップ棋士になるにはIQが高いこと（＝才能があること）は有利に働いておらず、むしろ不利に働いているように見えます。なぜ、このようなことが起こるのでしょう？

トップレベルになる棋士は、全員猛烈に練習しています。中でも、IQが低めの棋士のほうがたくさん練習する傾向がありました。囲碁を始めたばかりの段階では、IQが高いほうが戦績もいいので、IQが低い棋士は追いつくためにはたくさん練習しなければなりません。そうやってたくさん練習する習慣を身につけたIQの低い棋士は、やがてIQの高い棋士を追い抜いたのだろうと説明されています。まさにウサギとカメですね。

お子さんに「能力は努力で決まる」と思い込ませる

才能があるほうがいいのか、ないほうがいいのか。その決着はいまだについていません。才能がないために努力する習慣が身についた人がいる一方で、「自分には才能がない」と思ってあきらめてしまった人がもっとたくさんいるからです。全体的な平均値を考えれば、もしかしたら才能がある人のほうがちょっとうまくいっているのかもしれません。

ただ、その結論がどちらであれ、1つはっきりと決着がついていることがあります。それは、**子どもには「才能よりも努力が重要」と思わせたほうがいい**ということです。

「能力は才能によって決まる」と考える子と、「能力は努力によって決まる」と考える子を比べると、努力によって決まると考える子のほうが、学習法・テストの点数・学校の成績すべてにおいて勝っていることが知られています。

テストがよかったとき、才能ではなく努力をほめる

能力は才能によって決まると考える子は、努力する意義を感じないので努力しません。そして、自分の才能が疑われる状況を嫌うので、失敗を恐れてチャレンジしなくなります。その結果として成長することができません。「人の能力は努力で伸ばしていくものだ」と親子で信じることが大切なのです。

日々の声かけが良いマインドセットを作る

では、「才能よりも努力が重要」というマインドセットはどうやって作ればよいのでしょうか？　それは子どもへの声かけです。親の日々の声かけが、お子さんのマインドセットを作り上げます。**子どもが何かに成功したときに、絶対に才能をほめてはいけません。努力をほめるようにしましょう。**結果だけをほめてはいけません。結果に努力を結びつけてほめましょう。

悪い例：とても良い成績だったね。とても賢い子だ。

良い例：とても良い成績だったね。試験勉強を頑張ったからだね。間違えた問題をもう一度解いたのがよかったんだね。

ぜひ、日々のお子さんへの声かけで実践してくださいね。

まとめ

親子で「才能よりも努力が大事」と心から信じよう。能力や結果よりも、頑張りにフォーカスすると子どもは伸びる。

2.「運が悪かったから？」テストの成功・失敗の原因の探し方

中学受験を終え、第一志望校に見事合格したお子さんにテレビクルーが質問します。

「あなたが合格した理由は何ですか？」

さて、お子さんは何と答えるのでしょうか？ どう答える子になってほしいですか？


伸学会の生徒なら次のように答えるでしょう。

「毎日目標を立て、日々達成したからです」。

「解き直しを3回やって、できない問題をできるようにしたからです」。

「過去問の点数が悪くても、あきらめずに何度も解いたからです」。


別の例を考えましょう。中学生になって初の中間テストの英語の点が悪かったとします。

「どうして英語のテストで失敗したのかな？」という問いに、どう答えてほしいですか？

「勉強量が足りなかったかな。さすがに3日前から始めるんじゃ遅かったね」

「あの先生のテストは難しいよ。新人の先生は難しいテストを作るらしいよ」

「お父さんもお母さんも英語ダメだし、遺伝じゃない？ 向いてないんだよ」

☑良い「原因」を探せ！

ズバリ、本項のテーマは、良い「原因」の見つけ方です。何かにチャレンジして失敗したとき、その原因がわかれば次のチャレンジでは失敗を回避できるかもしれません。失敗の原因を取り除けばいいからです。何かにチャレンジして成功したとき、その原因がわかれば次のチャレンジでもまた成功できます。何度でも成功を再現できます。

つまり、**「原因」を発見することは、失敗の確率を減らし、成功の確率を高めることにつながる**のです。しかし、原因が見つかったとしても、その原因が自分にはコントロール不能なものだったら、あまり意味がありません。極端な話「これは前世の行いが悪かったからだ」とか、「神様がお与えになった試練だからだ」となったら、甘んじて失敗を受け入れるしかないという結論になります。

結果を変えたい・良い結果につなげたいと考えるのであれば、次の行動に変化をもたらす「原因」を見つけることが大切です。そのような、自分にコントロールできる原因が良い原因です。良い原因と悪い原因の違いをより具体的にイメージしてもらうために、ポジティブ心理学の権威、マーティン・セリグマンらが行った実験を紹介します。

「まず、こんな状況を想像してください。人からやってほしいと頼まれた仕事がありますが、全部終わりそうにありません。では次に、その主な原因を1つ想像してください。どんな原因が頭に浮かびますか?」

社会的に成功している人々の回答で多かったのは、例えば「タイムマネジメントに失敗したから」のように、自分でコントロールできたはずの内容だそうです。一方で、社会的に成功していない人々の回答は、「意気地なしだから」「自分は何をやってもダメだから」といった、自分では改善の余地がない、または改善方法が不明なものが多かったそうです。

違いがわかっていただけたでしょうか。このように、出来事の原因を何に求めるかを、

原因分類表

	自分のせい（内的）	他人のせい（外的）
次回は違うかもしれない（可変）	努力・方法	運
毎回同じ（不変）	性格・能力	環境（学校・家庭）

専門用語で「原因帰属」と言います。子どもには「帰属」という言葉がわかりにくいので、私たちは生徒に「原因分類」として教えています。教育心理学の分野では、アメリカの心理学者のバーナード・ワイナーによる上表の分類がよく知られています。

ヨコ軸は「自分のせい（内的）」「他人のせい（外的）」、タテ軸は「次回は違うかもしれない（可変）」「毎回同じ（不変）」です。この表で、色んな原因を分類できます。

結果をどの原因だと考えれば、この生徒の今後の良い学習につながると思いますか？ この分類を作ったワイナーは、内的で可変な原因で

基本問題

・試験で合格したのは

①才能があるから

②運がよかったから

③努力したから

④試験レベルが低かったから

	自分のせい（内的）	他人のせい（外的）
次回は違うかもしれない（可変）		
毎回同じ（不変）		

・試験で不合格だったのは

⑤テストが難しいから

⑥才能がないから

⑦運が悪かったから

⑧努力が足りなかったから

	自分のせい（内的）	他人のせい（外的）
次回は違うかもしれない（可変）		
毎回同じ（不変）		

ある「努力」に着目させるのがよいと考えました。これこそが、自分でコントロールできるもの、教訓として次に活かせるものなのです。

☑なぜなぜ思考で深掘りする

では、どうやって内的で可変な「努力」に注目させればいいのでしょうか。それは、質問を繰り返すことです。質問を繰り返していくと、答えがどんどん具体的になっていきます。

例えば、つまずく子が多い算数の時計算のテストの失敗理由を考えるとします。「時計算は嫌いだから」「時計算は苦手だから」は内的で不変な「性格」「能力」のせいにしているセリフです。この程度の好き嫌い・得意不得意は状況次第で変わるのですが、「こんなの好きになるわけない・できるわけない」という思いがにじみ出ています。では、なぜ時計算が苦手なのかを掘り下げてみましょう。

まずは、「時計算の練習時間が短かった」「問題集を1ページ分しか解いていない」といった努力の量に注目できるといいでしょう。単純に努力量を増やすという対策を取ることができます。また、「ノートで図を書いていない」「時計算の解き方を確認していない」「角度を答える問題か、時刻を答える問題か考えていない」といった努力の質に注目できると、なおいいでしょう。宿題のやり方や授業の聴き方を改善する手がかりを得ることができます。

さらに、「針が2つ動いてややこしい」「答えがイヤな感じの分数で嫌い（※時計算の答えはほぼ確実に分母が11の分数になり、子どもは心理的に抵抗感を抱きがち）」と問題に関する具体的な回答が返ってきたら上出来です。そこから対策を考えられるからです。

例えば、普通の旅人算で答えが分数になる問題を1回挟んでみるとか、答えが分数にならない周回の旅人算を解いてみるなど。**良い結果を得るために、何をしたらいいかが具体的にわかるまで、質問を繰り返しましょう。**

まとめ

自分でコントロールできる努力（＝学習法＋学習量）に注目させよう。原因の原因を考えることで、対処可能なレベルまで具体的にできる。

3.「やればできる!」を育てるちょっとしたコツ

「頑張れ! あきらめるな! やればできるよ! もっと熱くなれよー!」

こんなふうに情熱的かどうかは別にして、あなたもきっとお子さんのことを応援しているることでしょう。子どもには自信を持ってほしいですよね。

しかし、自信を持たせるための働きかけとしては、こうした応援は効果が低い部類です。自信が持てなくて、なかなか本番で力を発揮できないとか、それ以前に練習にも熱心に取り組めないとか、そういった問題点を解消するためには応援するだけでは足りません。もっと効果が大きいやり方がありますから、それを覚えて実践してください。

☑「自己肯定感」と「自己効力感」という2つの自信

自己肯定感は、「自分は自分でいい」「自分自身が好き」という安心感のことです。親が子どもに対して愛情を示しているかが関わっています。「成績が悪くても、不合格になっても、あなたのことを大事に思っているよ」とお子さんに伝えられていますか？「不合格になったら嫌われてしまうかも…」と思われないように、定期的に愛情を示しましょう。

それに対して、学習に関する自信は自己効力感と呼ばれます。自己効力感は、「自分にはできる」という実力・能力への自信です。「この難しさの問題も解けると思う」「この努力を長い間続けられると思う」といったものが含まれます。当然、自己効力感のある子どものほうが、難易度の高い問題に取り組み、間違えても最後までやり切ろうとします。「最後にはできる」という自己効力感が学習に向かわせ続けるのです。

自己効力感を養う3つの方法

自己効力感を養う方法は主に3つあります。

・成功体験を積む
・他人の成功を見る

学習に関する自信「自己効力感」をつけよう

・説得する（他人からの説得や応援と、自分自信への言い聞かせ）

最大の方法は成功体験を積むことです。「今までできた」の積み重ねが、「次もできるはず」という気持ちを作ります。ただし、成功すれば何でもいいわけではなく、**「ギリギリ行けるか怪しいと思っているものができた」という成功体験が自己効力感につながります。**

そのためには、「スモールステップ」を重ねましょう。最初は難易度をうんと下げて、徐々に上げていくのです。すると、ギリギリのラインが見えてきます。そのギリギリのハードルを超える経験を重ねていけば、「できそうだ」という自信がついてくるのです。

他人の成功を見ることも、自己効力感につながります。ただし、できるだけお子さん自身が身近に感じられる他人である必要があります。「あの人は自分とは違うから…」と思ってしまうと、なかなか実感できません。自己投影できるかどうかが重要です。

例えば、「同じ塾でよく話していた先輩」はとても良いロールモデルになります。「1年前の先輩はこれをしていた」は自己投影しやすく、マネすれば自分もできるようになると思えるようです。

最後に、説得によっても自己効力感を鍛えることができます。ただし、これは持続時間が短いです。説得されて「できそう」という気分になっている間に、本当の成功体験を得られなければしぼんでしまいます。大人は説得を一番多く使いますが、重要なのはその説得の後に、本当の成功をお膳立てできるかどうかなのです。

☑自己効力感を高めるのに効果的なワザ

伸学会では「未来合格作文」という指導をしています。これは、受験前に「合格しました。嬉しいです。受かった理由は○○をしたからです」というテーマで合格体験記を書くもの。その意図は、まず**合格したイメージをもたせ、周囲の大人や友達の反応を想像させ、成功を脳内でできるだけ具体的に疑似体験させる**ことです。脳は疑似体験と現実体験の区別ができないと言われています。この性質を利用し、疑似体験によって自己効力感を一時的に高めます。

その上で、「合格理由」をできるだけ具体的に書くことで、「合格に必要な良い勉強とは」を考えさせるのです。添削して修正を入れますが、基本的に生徒が自分で書き始めたものですから、「これをやって合格する」と意気込み、実際にその行動を取ろうとします。

良い行動をイメージし、実際に行動を改善して取り組み始めるので、その影響が徐々に結果に表れてきます。小さなことでも良い変化が見つかれば、それを伝えてあげます。そして、「目標に近づいた・作文のとおりになりつつある」という自信を得ることができるのです。

☑成功につなげるための失敗の向き合い方

子どもから自信を奪うものは何と言っても失敗です。しかし、一度も失敗しない子どもはいません。失敗を重ねて成功に変えていく過程が学習ですから、むしろたくさん失敗する必要があります。そこで、失敗とうまく向き合う必要があります。失敗を3つの側面から見ることが、上手に向き合う第一歩になります。

【失敗の実質的な面】

「不利益」です。オリンピックで失敗すれば当然金メダルは得られません。例えば、入試も競争ですから、失敗による不利益は不合格です。失敗できない本番があるならば、そこで成功できるように、練習の場は「失敗しても問題ない環境」にすることが必要です。

テストの目的は現状理解や目標との距離の確認

【失敗の感情的な面】

「不快感」です。これが厄介です。教師や親も、子どもの不正解や低い点数を見たとき、口では「ここからよくしよう」と言いつつも、ついネガティブな反応をしがちです。この経験の積み重ねが失敗を恐れさせてしまう面もあるでしょう。

【失敗の情報的な面】

「教訓」です。失敗には必ず原因があるので、その原因を情報として得て、教訓とすることで同じ失敗を繰り返さないようにするのです。「失敗は成功のもと」はこれにあたります。

例えば、テストで失敗したらどうでしょうか。テストの目的はあくまで現状の理解や目標との距離を確認することです（成績の良い人に利益があるのは、あくまで入試本番などの一部のテストにすぎない）。「どこまでわかっているのか（どこからはまだわからないのか）」「どこが苦手か」「自分はなぜ間違えたのか」を知るには、テストで失敗を経験するしかありません。

「低い点数のテストなんて二度と見たくない・隠したい」という子はよくいます。そういった子はテスト結果を恐れています。「できない」「無能」のレッテルを貼られると思っているのです。失敗による「不利益」ができるだけ出ないように、周囲の人も失敗をポジティブにとらえて不快感を減らし、情報としての教訓に目を向けさせていくことが重要なのです。

まとめ

成績を伸ばすには自己効力感が必要。そのために自分や身近な人の成功体験が必要。失敗は自己効力感を下げないよう、できるだけ情報・教訓として扱い、子どもを責めないこと。

4.「どうせやってもムダ」につながる子どもの心理

あるサーカスのゾウが、小さな小枝に縛られていました。そのゾウの体は大きく、逃げようと思えば枝を折って逃げることは簡単です。でも、ゾウは逃げません。なぜなら、ゾウは「そんなことはできない」と思い込んでいるからです。子ゾウのときに、縛られた杭がどれだけやっても抜けず、逃げられないことを学習したゾウは、逃げられる状況になっても逃げようとしないのです。

この話は有名な比喩で、ジェフ・トンプソンという作家が本にもしています。どこかで同じような話を聞いたことがあるのではないでしょうか。ほかにも似たような話だと、「箱の中に入れられたノミは、箱のふたの高さ以上に飛ばなくなる」といったものもありますね。

☑小枝に心が縛られるしくみ

これは決して根拠のない比喩ではなく、実験によっても確認されています。アメリカの心理学者マーティン・セリグマンは、イヌを3つのグループに分けて、次のような実験を行いました。

第一グループのイヌは、動けないように固定して電気ショックを予告なしに与えます。しかし、鼻先にあるスイッチを押すと電気ショックを止めることができます。

第二グループのイヌも、動けないように固定して電気ショックを予告なしに与えます。ただし、こちらは何をしても電気ショックを止めることができません。

第三グループのイヌは、こういった電気ショックを与えません。

その後、イヌたちを柵で2つの部屋に分けた実験箱に入れ、再び電気ショックを与えました。この実験箱の中で、電気ショックが流れるのは一方の部屋だけです。柵を飛び越えて反対の部屋に行けば、電気ショックから逃れることができます。

無力感を抱くと、逃げようとしなくなる

このとき、先に行っていた訓練と違って、電気ショックの前には部屋を暗くするようにして、もうすぐ電気ショックが来るとイヌたちにわかるように予告しました。はたして、各グループでイヌたちの行動に差が出るのでしょうか？

その結果、第一グループと第三グループのイヌは、電気ショックの予告があると柵を越えて逃げました。それに対して、第二グループのイヌは、予告があっても逃げようとせず、じっと電気ショックに耐えていました。逃げようと思えば、逃げられる状況にもかかわらずです。

☑あなたも小枝に縛られていませんでしたか？

あなたの子ども時代にはどんな苦手科目がありましたか？　その苦手科目に対し、「どうせやってもムダだからあきらめよう」という気持ちになったことはないでしょうか。例えば、「私は数学が苦手だから、数学の勉強はあきらめて文系にしよう」とか。

生徒たちを見ていると、この「無力感」のせいで勉強をあきらめていて、もったいないなと感じる子がたくさんいます。目前にテストが迫っていると予告され、勉強すれば悪い点数を取らなくてすむ。それなのに、どうせ無理だと思って勉強せず、悪い点数を取ってお母さんに怒られることにじっと耐えているのです。お子さんには、こんな「無力感」を抱かせないようにしたいものですね。

☑頑張ってもムリだった経験が無力感を生む

子どもたちに無力感を与えないために大事なポイントは、結果は自分の努力とつながっていることを理解させることです。自分の努力と結果が無関係だと感じると無力感が生ま

テストの結果が悪くて落ち込む子を正しく導こう

れます。ですから、悪い結果のときには「努力の量が足りなかったんじゃないか」「努力の仕方が悪かったんじゃないか」と考えて改善できるように誘導していきましょう。

つまり、本章の2項の「原因帰属」の考え方を理解させることです。そうすることで、「こうすればよかった」がわかると無力感は生まれません。

ただ失敗の経験をさせるだけで放っておくと、失敗は失敗の母になります。失敗を成功の母にするために、ぜひお子さんに失敗の正しい受け止め方を教えてあげてください。

悪い声かけの例

・「どうしてこんなこともできないの!?」→子どもは「自分の能力がないからだ」と受け止めがち→能力がないものはどうしようもない→無力感

・「だからちゃんと勉強しなさいって言ったでしょ!!」→ちゃんとの中身が抽象的過ぎて子どもにはわからない→正しいやり方・正しい勉強量と、実際の自分のやり方・勉強量との比較ができない→どうすればよかったかがわからない→無力感

良い声かけ・ふりかえりの具体例は2項の175ページ以降を参考にしてくださいね。

まとめ

多くの子は「無力感」のせいで、やればできることもやらずにあきらめがち。「無力感」を与えないように、失敗したときは改善策がわかるように導く。

5. 難しすぎる問題では成長しない

「塾で子どもがわからない難しい応用問題を一所懸命教えた結果、なんとかできるようになった…と思った。それなのに、テストに出たら全然できていなかった。そこで子どもに確認してみたら、やり方をすっかり忘れていた…（涙）」

これは多くの親御さんがよかれと思ってやってしまう、典型的な〝間違ったお子さんへの教育〟です。親としてはガッカリしてしまいますよね。せっかく頑張って教えて、「子どもはわかってくれた！」と思ったのに、ムダだったわけですから…。でも、その先のもっと大きな問題に比べれば、そのガッカリはじつはちっぽけなことなのです。

よかれと思って子どもを勉強ギライにする親

もっと大きな問題とは、これを繰り返すことで子どもが「努力の意義を感じなくなる」

1 Attention
2 Reason
3 Confidence
4 Satisfaction

ということです。「どうせやってもムダなんだ」と思うことほど、お子さんのやる気をそぐものはありません。結果として子どもは勉強が嫌いになり、場合によってはあらゆる努力そのものが嫌いになります。

やる気のない子に勉強させる大変さを想像してみてください。無理やりやらせても、グズグズだらだらと時間ばかりかかって全然進まない。もちろん成績アップなんて、するはずもありません。

なぜ、こんなことが起こるのか？　それは、**「人は自分の力を大幅に超えるものにチャレンジしても成長できない」**という事実を多くの保護者が知らないからです。「人の成長のためには、適度なストレスが必要」と言われます。課題に向かう際のストレスの度合いを段階別にしたものが、「快適・成長・パニックゾーン」です。このモデルは、経験学習の重要ポイントを説明するものとして、よく利用されています。

・快適ゾーン＝自力でできる、簡単で練習にならない。ストレスがなさすぎる状態。

子供の「成長ゾーン」を見極める

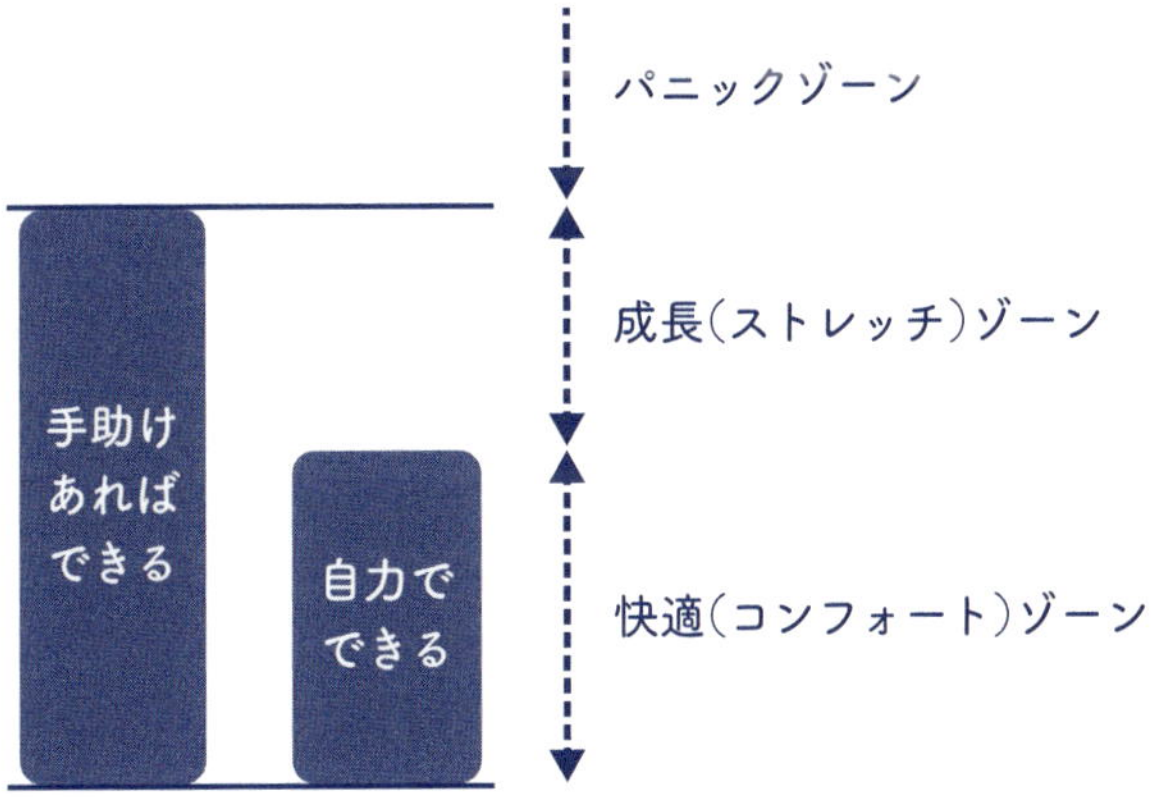

・成長ゾーン＝先生の説明や模範解答の解説など、助けがあればできる。適度なストレス状態。

・パニックゾーン＝難しすぎて理解できない、できたと思っても表面的な理解なので忘れる。ストレス過剰。

この3段階は、「適度なストレスがかかる、実力一回り上の課題に取り組むことが、実力を向上させることに必須」という「経験学習」の最も重要な部分を説明しているものです。この考え方は、子どもの教育にもそのまま当てはまります。

☑パニックゾーンのものに取り組んでも成長できない

このことは、私たち伸学会で行った実験でも確認することができました。左上の表は「解き直しの効果を計る実験」の結果を、Aクラスの子とBクラスの子で分けて集計したものです。

解き直し効果を計る実験（基礎レベル）

		1回目	2回目（1週間後）	3回目（2週間後）
A	1	60	90	90
	2	30	70	80
	3	50	80	70
B	4	30	50	70
	5	20	40	30
	6	0	30	60
	7	10	40	50
	8	10	10	50
	9	30	50	70
	10	0	10	30
A平均		46.67	80.00	80.00
上昇			33.33	33.33
B平均		14.29	32.86	51.43
上昇			18.57	37.14
平均		24.00	47.00	60.00
上昇			23.00	36.00

比較的簡単な基礎レベルでは、Aクラスの子もBクラスの子も、解き直し後の効果測定で30点以上の上昇がありました。学んだことが定着したことがわかります。

それに対して、難関レベルでは、Aクラスは解き直し後

解き直し効果を計る実験（難関レベル）

		1回目	2回目（1週間後）	3回目（2週間後）
A	1	50	80	80
	2	30	80	70
	3	30	50	60
	4	30	40	50
	5	10	50	40
B	6	10	40	40
	7	0	0	0
	8	0	0	10
	9	0	0	10
	10	20	10	30
	11	10	30	30
C	12	0	0	10
	13	10	10	10
	14	0	10	0
	15	10	0	0
	16	0	10	0
A平均		30.00	60.00	60.00
上昇			30.00	30.00
B平均		6.67	13.33	20.00
上昇			6.67	13.33
C平均		4.00	6.00	4.00
上昇			2.00	0.00

の効果測定で平均30点の上昇があるのに対して、Bクラスは13・33点しか上昇せず、Cクラスに至っては0点でした。違いは一目瞭然ですね。

　このように、パニックゾーンの問題にチャレンジさせると、どれだけ丁寧に解説し、「解き直し」という正しい勉強のやり方でも、全く成長につながらなくなってしまいます。

　成長がなければ、成績アップにも塾でのクラスアップにも、もちろん受験合格にもつながりません。疲れるだけで無意味です。いえ、勉強ギライにつながるのですから、無意味どころか害悪なのです。

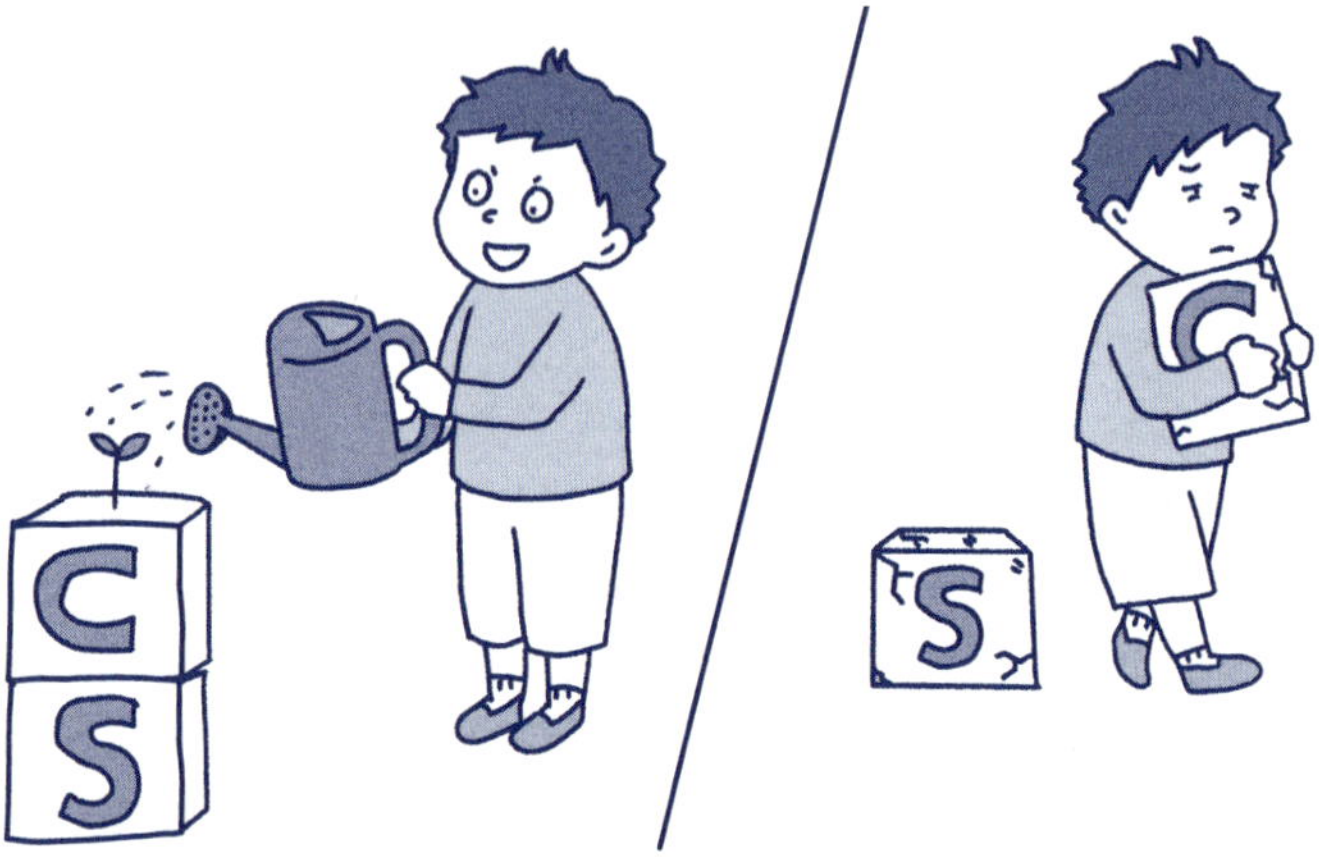

成長ゾーンに絞った勉強で自信（C）と満足感（S）を育てる

☑子どもが成長する勉強レベルとは

解決策は、**成長ゾーンに絞った勉強を繰り返すこと**です。「わかったはずだと思ったのに忘れた」のであれば、それはパニックゾーンですから、以後はそのレベルは手を出させないようにしましょう。

成績別に分けられたクラスの中でも、科目の得意不得意によって力の差はあります。私たちは、その子に合ったレベルの課題にすることにかなり気を使っています。ただ、お子さんに合ったレベルかどうかを観察するのは、ご家庭でも十分できることです。無理してパニックゾーンの問題をやらせるのはかえって害悪とわかっていれば、あなたの行動はだいぶ変わるはずです。

「頑張ったのにできなかった」という経験は、自信（C）も損ないますし、やってよかったという満足感（S）も損ないます。それが勉強ギライの子を生み、ずっと苦労することになります。

反対に、成長ゾーンに絞った勉強をして「頑張ったらできるようになった」という経験を積み重ねると、自信（C）と満足感（S）が育ちます。それが勉強好きの子を生むのです。ぜひとも、成長ゾーンの学習に取り組ませてあげてください。

まとめ

成績アップの最短ルートは成長ゾーンの学習に集中すること。背伸びしてパニックゾーンに手を出させないようにする。

6. 学習に踏み切るための2つのハードル

あなたは昔買ったズボンを履くために、5kgほどダイエットしたいと思っています（つまりARCSモデルのRはある）。ジムのインストラクターから「毎日2時間、20kmのランニングを2ヶ月続ければ痩せられる。ただし、途中で歩いたりせず走り切ること」と言われました。さて、やる気が出るでしょうか？

また、あなたのお子さんはある中学校に進学したいと思っています。文化祭の手品部の公演が楽しく、そこに入って手品をできるようになりたい（この場合もARCSモデルのRはある）。そこで、合格するための勉強法を調べたところ、「毎日2時間、難問だらけの算数の参考書を2ヶ月休まず取り組めば合格できる。ただし、途中で集中力を切らさず解き切ること」と言われたとします。こちらはどうでしょう？

結果期待と効力期待

行動の前には、その結果に対して価値を感じていること（R：「痩せたい」「合格したい」と思うこと）のほかに、2つのハードルがあるのです。それが、カナダの心理学者アルバート・バンデューラの提唱した「結果期待」と「効力期待」です。

結果期待とは、行動を起こせば結果が得られるだろうという期待（見込み）です。「ランニングしたところで痩せるはずがない」「参考書を解いただけで合格するとは思えない」と感じたら、実行する気にはならないでしょう。

もう1つの効力期待とは、自分がその行動をうまく実行できるという期待（自信）です。「ランニングを毎日2時間なんて、どうせ続かない」「参考書を2ヶ月毎日2時間も集中して解き続けるなんてムリ」と思ってしまったら、やる気は起こらないでしょう。この2つのハードルを同時に超えるための工夫が必要なのです。

☑「結果期待」を超えるには、ハードルの先を体感させること

まず、結果期待のハードルを超える工夫です。

・信頼できる成功例を示す
・行動のたびに目標に近づいたことを示す
・良い変化を逃さず本人に伝える

子どもにとって信頼できる成功例は、身近な目に見える成功例です。「お母さんが子どものときにこれをやってうまくいった」は、目に見えないので身近とは言えません。兄弟姉妹や先輩、友達の成功からようやく身近になり始めます。

それも成績などの条件ができるだけ近く、「僕はアイツとは違うから」と思わない相手でないと、なかなか効果が出ません。その点、成績が近いところから自分と同じ志望校に受かった先輩の影響力は絶大です。

親がお子さんの成長を見つけて指摘してあげる

ですが、何と言っても一番身近なのは、お子さん自身の成功です。**一歩でも行動したら、それによって生じた成功を持ち上げましょう。**参考書を1日でもしたら「次の模試でこの問題が出たら解けるね」と伝え、「やる意味があった（R）」「やると効果があった（S）」と実感させるのです。

身長が伸びたことをなかなか自覚できないように、子どもは基本的に自分の成長には気づきません。昔解けなかった問題が解けるようになっても、最初から解けていたと思い込みがちです。**親がお子さんの成長をできるだけ探し、指摘してあげることが必要**なのです。

☑「効力期待」を超えるには、ハードルを小さくすること

次に、効力期待のハードルを超える工夫です。ハードルに次のような細工をしましょう。

・一段簡単な課題で成功体験を積む
・「今の実力よりちょっと上」の課題に集中する
・分量が多く見えるときは、細分化して見た目を小さくする
・スタート地点をごまかし、「すでにちょっと終わっている」を演出する

キーワードは「スモールステップ」。それこそ、**すり足でも超えられるくらいに、ハードルはできるだけ低くする**のです。「効力期待」とはまさに「自己効力感」、自分はこれをできるという能力に対する自信です。自信は成功体験によって育つもの。小さな成功から始めて、少しずつ階段の段差を大きくしていくのです。

2時間の勉強が大変なら、5分から始めましょう。1日1問からでもかまいません。1

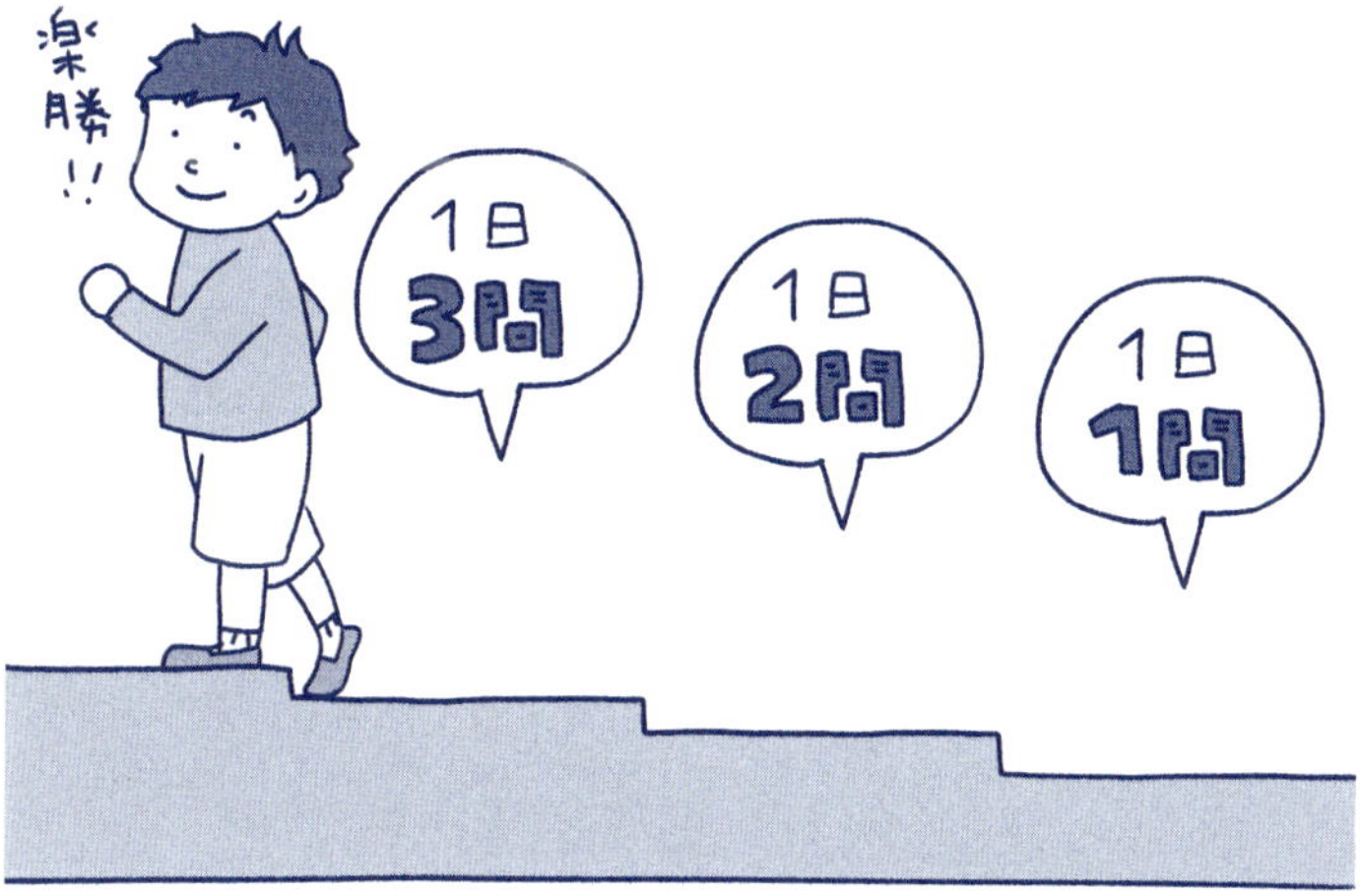

ハードルをできるだけ下げて自信をつけさせる

問解けたなら次の日には2問に、2問解けたなら次の日には3問にしたらいいのです。すると、徐々に実力ギリギリのラインがわかってきます。こうして見えてきた「自分の実力よりちょっと上」のレベル（発達の最接近領域。我々は「成長ゾーン」と呼んでいます）に集中すればいいのです。

始めてから2ヶ月で5kg痩せられる保証はありませんが、2ヶ月で20km走れるようになる可能性は高いです。合格できる保証はありませんが、毎日2時間集中して勉強できるようにはなっています。

あまりに分量が多くて先が長く見えるなら、細分化して見た目をごまかしましょう。参考書が分厚過ぎてやる気が起きないなら、10等分に切り裂きます。厚さが10分の1になるだけで、急にできそうに見えるものです。

また、こっそり10ページ分取り組ませてから、実は100ページあることをバラす、という作戦もあります。全く手つかずで100ページの塊を見せられるより、10ページ終わった状態で90ページ見せられるほうが、先が短く見えます。人間は割合で量を把握します。「もうすでに10％終わっている」と言われると、できそうな気がしてくるのです。

まとめ

学習前のハードルは2つ、「やって効果ありそうか」「そもそもやれそうか」。「やってよかった」成功例を体感させる。スモールステップで成功を積んでハードルを上げる。

7．慰めはNG！テスト結果が悪いとき親がすべきこと

子どもが何か目標に向かって頑張ったときに、「やってよかった」と思わせることで、次へのやる気につなげようというのが本章のテーマでした。模試や受験などで良い結果が出ればもちろんいいのですが、必ずそうなるとは限りません。特に、私たちが指導している中学受験の世界は、第一志望に合格する子は、統計的に言えば4人に1人程度です。残念な結果になる子のほうが圧倒的に多いのです。

もちろん受験だけではありません。どんなチャレンジにも失敗はつきものです。チャレンジなくして成長も成功もありません。ですから、失敗があることを前提に、お子さんにそれを乗り越えさせていかなければいけません。そのときに、**多くの親や指導者がやってしまいがちなNG行動が、「失敗した子どもを慰めること」**です。

☑意外と知らない落ち込むわが子にかけるべき言葉

子どもがチャレンジに失敗して落ち込んでいると、私たちはつい気遣って、「君が悪いんじゃない」「一所懸命頑張ったんだから仕方ない」などと慰めてしまいがちです。

しかし、やる気を引き出すという観点からは、このような対応はNGなのです。たとえ本当に一所懸命頑張っていたとしてもです。なぜなら、**報われなかった努力をほめられると、人は自分の無力さをさらに強く意識するようになる**ことがわかっているからです。

本章2項の「原因分類」の話を思い出してください。「あなたの努力には問題がなかった」と伝えれば、それは裏を返せば「能力」や「性格」に問題があったということになってしまいます。励まそうとするあなたの意図に反し、逆効果となることが多いのです。

お子さんのやる気を高めるために必要なのは、その場しのぎの慰めではありません。次の目標を達成するチャンスはまだある、という自信（C）を抱かせることです。悪い結果により目標達成への自信（C）を失うことが、最もモチベーションを下げるのです。

だから、**真剣に取り組んでもうまくいかなかったときは、慰めるのではなく改善のために必要な情報を伝えなければいけません。それが厳しい内容であったとしても、お子さんを信じてしっかりと伝えましょう。**

「まだ勉強が足りないから、もっと増やすべきだ」

「今の勉強のやり方でうまくいかないなら別の方法を試してみよう」

このようにすれば、結果を変えられると伝えましょう。改善する力が自分にはある、とお子さんに理解させるのです。このとき伝える情報は、「行動」に関する具体的なものでなければいけません。子どもは、ネガ

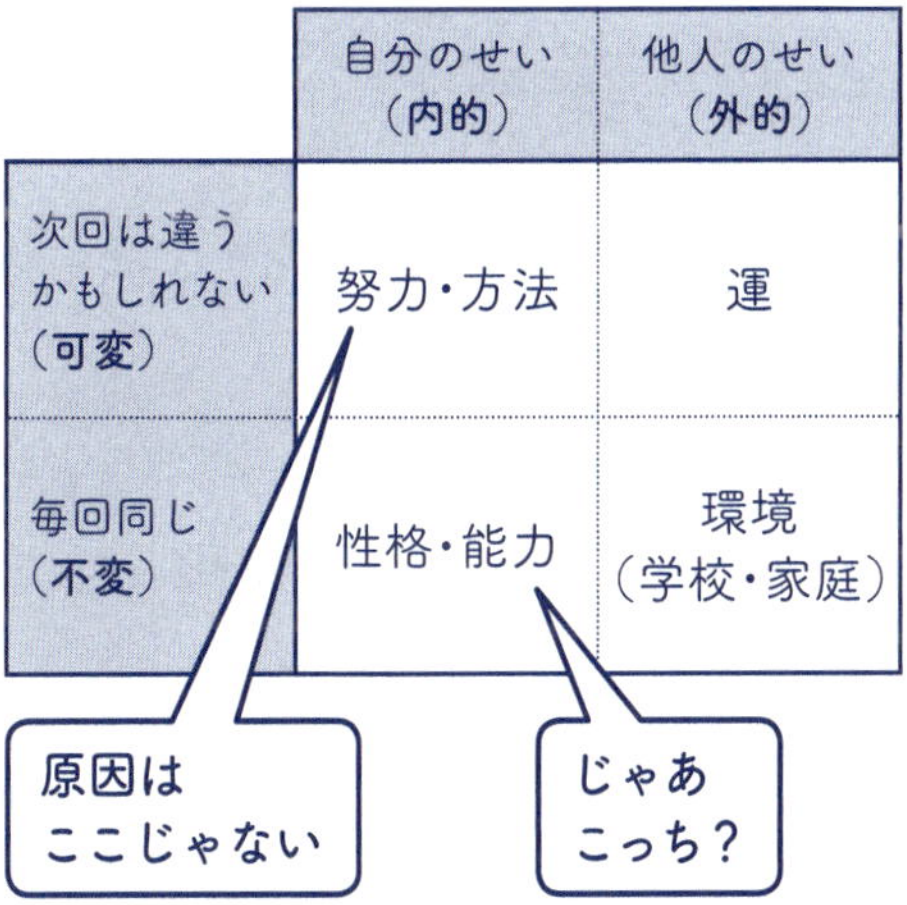

	自分のせい （内的）	他人のせい （外的）
次回は違う かもしれない （可変）	努力・方法	運
毎回同じ （不変）	性格・能力	環境 （学校・家庭）

ここじゃない

下手になぐさめると能力に問題ありと思ってしまう

責められていると感じさせないよう改善策を一緒に考える

ティブなフィードバックを自分自身への批判として受け止めてしまいがちです。悪いのは「勉強の量・内容・やり方」といった「行動」であって、自分の「能力・性格」ではないのです。

例えば、算数で思うような成績が取れなかったとしたら、「君は計算ミスが多い」といった能力不足を指摘するのではなく、「計算ミスをなくすための練習内容と量を見直そう。これが改善できれば、あと偏差値10の上昇が見込める」といったことを伝えるのです。このとき、**責められていると感じさせないこと**にも細心の注意を払ってください。先に「模試で悪い点数を取ると悔しいよね」といった、共感的な言葉をかけましょう。

NGな「慰め」とOKな「共感的な言葉」の違いはわかりますか? 慰めが自分側の評価や気持ち（君は悪くない・仕方ない）を伝えているのに対して、共感的な言葉は相手側の気持ちに寄りそっているだけです。「あなたの気持ちを私はわかっているよ」と伝えることは、相手の能力の問題とは関係ないため、自分の無力さを感じてかえって落ち込むことにはつながらないのです。

実際に、模試の悪い結果に落ち込んでいた私の生徒も、そうやって自分が次回までに改善できそうな部分がどれだけあるかを一緒に考えて作戦を練り直したところ、ずいぶんスッキリした顔で帰っていきました。受験で不合格になって落ち込んでいる生徒の対応でも、同じように反省会をしています。

☑改善につながる具体的なフィードバックを心がける

親がすべきことは問題点の指摘ではなく、改善策を一緒に考えることです。これから先にも何度も模試があり、そして受験本番もあります。お子さんもその結果に落ち込むときがきっと来るでしょう。そのときに必要なのは、表面的な慰めの言葉ではありません。

大切なことなのでもう一度言いますが、下手に慰めると「一所懸命やった」「努力の量・やり方は悪くなかった」のだから、じゃあ悪いのは「自分の能力」だと子どもは思ってしまいます。「能力がないからダメだった」と思わせることは、最も自信を失わせ、やる気を下げることになります。

つい自分の弱さに負けて、よくない行動をしてしまったときには、「気を取り直してまた頑張ろう！」と慰めてあげることも必要です。でも、**結果が出ないときに慰めは禁物。それよりも、改善に繋がる具体的なフィードバックを行うことが大切。**ぜひ覚えておいてくださいね。

まとめ

悪い行動を許し、慰めるのは大切だが、悪い結果は慰めてはいけない。
悪い結果に対しては、改善につながるフィードバックを与える。

4章

Satisfaction

～「勉強してよかった」と実感させる～

テスト返すぞー
えーっ
伸藤！
は、はい！
あ
72点だ
算数
伸藤学
72
ちょっとずつ
上がってる…
でも72点じゃあ
お母さんは
褒めてくれない
だろうなー…
つまんないのー
一方その頃、家ではー
ずいっ
satisfaction
いいですか
お母さん
は、はい
今日テストが
返ってきて
それがお母さんの
満足のいく点で
なかったとしても
いいですか
絶対ですよ
絶対にお友達と
比べたりしては
いけません
コクコク

イライラする
気持ちは
わかります
はっ
でもマナブくんは
頑張っています
大人の物差しで
見るのではなく
その努力を
褒めてあげて
ください
ただいまー
お母さん、テスト
返ってきたよ
期待しすぎ
ないぞ
わあっ
72点!!
すごいじゃない!
頑張ったね!
繰り返し問題
解いていたもんね!
僕もっと
頑張るよ!!
ギュッ
うんうん
良かった…
本当に良かった…

1. ほめる・叱るは「すぐに」「ぶれずに」

「子どもがテストで良い点を取ったから、たくさんほめました！　これに気をよくして、これからも頑張ってくれたらいいな」

これもまた、多くの保護者の方がやりがちな失敗例です。なぜなら、このようなほめ方をしても効果はなく、子どもは勉強するようにはならないからです。

ほめる目的は何か？　よい行動を繰り返してもらうことです。

叱る目的は何か？　よくない行動を繰り返さないようにしてもらうことです。

そのための褒め方・叱り方として、教育心理学上大切とされているポイントを3つお伝えします。

毎日ドリルやったもんねがんばったね！
100

具体的で再現性がある「行動」をほめる

「行動」に注目しないと、子どもは次どうしていいかわからない

まず1つ目の重要なポイントは、**ほめるときも叱るときも、「結果」ではなく「行動」に注目すること。**なぜなら、より具体的で再現性があるからです。

そもそも、子どもは行動目標と結果目標の区別がついていない場合がほとんどです。明日の行動目標を聞くと、「小テストで100点を取る」などと言います。しかし、これは結果目標です。

行動目標は、それ以前の「小テストで100

点取るために、こういう準備をする」といった、100％自分でコントロールできるものです。100％コントロールできるからこそ、その後も自力で継続できるのです。

行動目標と結果目標の違いがわからない子どもは、行動と結果の間の因果関係も十分に理解できていません。「宿題のやり方を改善した。だから、成績が上がった」「宿題を十分にやれていない。だから、成績が下がった」という、因果関係がよくわからないまま成績が上がった・下がったという結果だけを見ています。

そんな状況の子に対して、冒頭の事例のように結果をほめたり叱ったりしても、「だからどうすればいい」という想像は難しいのです。あくまでその結果の原因となった行動にフォーカスし、次はどういう行動にするべきかを考えさせましょう。

ほめるときも叱るときも、スピードが命

2つ目の重要ポイントは、**子どもにとにかく素早くフィードバックを返すこと。** 数日経ってから、「この前のアレ、よかったよ」とほめても、あまり自分ごととは思えません。

良いこと・悪いことはその場で言葉にする

また、数日前のことで叱られても、記憶があやふやで納得感を得にくいものです。

言葉が通じない水族館のイルカでも、ジャンプして即座にエサを与えれば芸を覚えます。これは、「やってすぐにいいことが起きた行動は、また繰り返したくなる」という本能的な反応です。このオペラント条件づけと呼ばれる反応は、強力な力を持っています。

しかし、「やって時間が経ってからいいことが起こった」では、この反応はありません。ジャンプした翌日にエサをあげても、イルカは芸を覚えてくれないのです。

それでも、人間は因果関係を理屈で理解できるので「またやろう」と考えることはできますが、やはり本能に比べればその力は弱くなります。まして、因果関係を理屈で理解する力がまだ低い子どもであればなおさらです。時間が経つほど、またやろうとは思いにくくなります。だから、すぐに褒める必要があるのです。叱る場合も同様です。

ほめる際・叱る際は良いこと・悪いことをしたその場で、「〇〇をしているんだね」と事実を言葉にして確認しましょう。まずは、それで十分です。「宿題に取りかかり始めたんだね」「ゲームを始めてから2時間になるね」というように、その場その時だからできる事実の言語化をしましょう。それがよいことか悪いことか、子ども自身が考える機会にもなるのです。

☑「一貫性」がないと目的が伝わらない

3つ目の重要ポイントが、**同じ行動に対しては同じように対応すること。**親も当然人間ですから、その時々で機嫌が変わるものです。そのため、機嫌がいいときは多少のよくないことも目をつぶれるけれど、機嫌が悪いときは絶対に許せない、ということが起こり得ます。

しかし、この「機嫌によって対応がコロコロ変わる」は絶対にやってはいけません。「機嫌がいいとほめてくれるけど、機嫌が悪いと無視される」「機嫌がいいと甘く、機嫌が悪いと厳しくなる」では、お子さんがほめられた・怒られた理由は「○○をしたから」ではなく、「親の機嫌がいいから・悪いから」と思うようになります。すると、その時々の話の内容より親の機嫌を気にするようになってしまうのです。

「何がよくてほめたのか」「何が悪くて叱ったのか」をいつもしっかりと伝えた上で、その基準を毎回確認し、一貫性をもってお子さんに接しましょう。

まとめ

再現できる〝行動〟に注目し、実感を持てるようほめる・叱るはすぐに。親の機嫌ではなく基準が伝わるよう、一貫性を持って繰り返す。

2. 他の子との勝ち負けより成長をほめる

子どもを伸ばすためには、良いところを褒めることが効果的です。シンプルですが、「やってよかった」という気持ちが、次の行動へのやる気につながっていきます。ですから、お子さんをできる限りほめてあげてください。

このようなことを、いろいろなところで言われたことはないでしょうか。確かにこれは正しい指摘です。では、何をほめたらいいのか？　ほめるためにはよいところを見つけなければいけません。しかし、何をもってよいとするかの基準は人によって曖昧です。

多くの親御さんは、他の子と比べて勝っているところを探します。クラスの友達より成績がいいか悪いか、あるいは兄弟と比べて成績がいいか悪いか。

しかし、このほめ方は誤りなのです。

他人と比べてほめてはいけない

なぜ、人と比べてほめてはいけないのか

子どもは他の子と比べられると、結果を生まれ持った能力と関連づけて考えてしまいがちです。なぜなら、良い勉強法で努力したとしても、勝てるとは限らないからです。

お子さんが必死に努力したとしても、相手がそれ以上に努力していたら負けることもあります。逆に、お子さんが大した努力をしていなくても、相手がサボったりミスしたりしたら勝つこともあります。つまり、努力と結果は必ずしもリンクしないのです。

これは、勉強法についても同じです。良い方法を採り入れても、勝てるとは限りません。
だから、人と比べて評価してしまうと、良い結果・悪い結果の原因は努力や勉強法などではなく、持って生まれた能力にあると考えるようになってしまうのです。「頑張っても、どうせできないんだ」とか、「オレは頭がいいから成績がいいんだ」とか。そして、努力や勉強法を軽視するようになっていきます。

お子さんを目標に向けて努力する子にしたいですよね？
お子さんを良い勉強法で取り組む子にしたいですよね？
そのためにも、**結果は自分で変えられるということを教えましょう。**

☑ほめるときは子どもの成長した点に注目する

そこで、オススメなのが子どもの成長した点をほめることです。**他の子との比較ではなく、過去のお子さんとの比較で前よりできるようになったことをほめる**のです。他の子が相手だと努力しても勝てるとは限りませんが、以前の自分には努力すれば確実に勝てるようになります。よい方法でやれば、成長はより早くなります。

私たちも生徒をほめるときには、成長した点を探してほめるようにしています。あなたもぜひ、お子さんの成長した点を探すように意識してみてください。

ほめ方の悪い例：あなたは兄弟の中で一番できる子だね。

ほめ方の良い例：あなたは塾に通い出してからとても成長したね。勉強に対する姿勢が大きく変わったし、解ける問題がどんどん増えているね。

まとめ

他の子との比較はしない。特に兄弟間では要注意。子ども自身が過去と比べて、できるようになったところをほめよう。

3．心からほめなければ逆効果

この項では、ご家庭でありがちな、もう1つの失敗について書こうと思います。その失敗とは、「心にもないほめ言葉」によって、子どもがかえって冷めてしまうというものです。

上司がご機嫌取りのために、見え透いたほめ言葉を言ってきてイラっとした。あなたにもこんな経験はないでしょうか。上司は先生やご主人・奥様に置き換えてもかまいません。こういった経験は誰にでもあると思います。そのときの気持ちを思い出せば、子どもに同じ思いをさせないようにしなければいけないとわかっていただけるでしょう。

まずは自分の心のあり方を変える

子どもたちは親のことをよく見ています。特に、女の子は観察眼が鋭い子が多いです。うまく乗せるためにほめると、ほとんどの場合それは子どもに伝わります。そうなったら、

２歳くらいまでの頃と同じスタンスでほめる

子どもは私たちの言葉を受け止めなくなってしまいます。

また、オーバー過ぎる表現や言葉にも気をつけなければいけません。乗せるために無理やりほめようとすると、些細なことを大げさにほめることになりがちです。すると、子どもは皮肉を言われている、バカにされていると受け止める場合があります。

本心は相手に伝わります。うまく乗せるために、どうやって本心がバレないようにほめるか、なんて考えてはいけません。子どもに対して心からのほめ言葉を伝えられるようになるためには、お子さんの成長を素直に喜ぶ気持ちを持てばいいのです。

お子さんが生まれてから2歳くらいまでの頃のことを思い出してみてください。生まれてすぐのお子さんを見て、どんな気持ちだったでしょう。真っ先に考えたのは、「他の子よりも優秀になってほしい」だったでしょうか。

ハイハイを始めたとき、つかまり立ちを始めたとき、自分の足だけで歩き始めたときを思い出してください。「ママ」「パパ」としゃべり出したときを思い出してください。「人間はいつか立って歩くものだ」「しゃべれるようになるものだ」などと考えたでしょうか。

他の子より早いか遅いかとか、できて当たり前のことだとか考えていましたか？　それとも、昨日までできなかったことができるようになったわが子の成長を、純粋に喜んでいたでしょうか？

この本を手に取られたあなたは、きっとお子さんのことを愛していて、子どもの成長を

良いほめ方の3ステップ

①お子さんの「成長した点」「成長につながる行動(勉強・練習)」を伝える。

②親としての主観的な意見や感想、印象を伝える。

③お子さんの良い点をほめ、感謝の言葉を伝える。

喜ぶ方だと思います。勉強に関しても、そのときと同じスタンスで接すれば大丈夫です。分ける必要はありません。

たった1つの言葉を言えるようになるのに、たった1歩歩くことができるようになるのに、たくさんの時間がかかりましたよね。今お子さんは毎日何か新しい言葉を覚え、昨日できなかったことが今日にはできるようになっています。成長していることが多過ぎるので、意識しないと1つひとつに気づかず、鈍感になってしまいます。**意識的に成長している点を探して、喜ぶように自分の心を切り替えてください。**

もらって嬉しい言葉のかけ方のコツ3ステップ

次の3つのステップを意識して、お子さんに声をかけてみてください。

①まずはお子さんのほめたいところに関して、「客観的な事実」を伝える。その内容は「成長した点」「成長につながる行動（勉強・練習）」だと非常にいい。

②そのことに対するあなたの主観的な意見や感想、印象を伝える。

③最後に、それらをまとめる形で、お子さんのよい点をほめ、感謝の言葉を伝える。

悪い言葉のかけ方：今回のテストはよく頑張ったね。感心したよ。

良い言葉のかけ方：今回のテストは苦手な「速さと比」「てこ」が克服できていたね（成長）。テスト前には毎日少しずつ問題を解き直していたからね（行動）。そういう計画的な行動が今回の成果につながったんだね。この勉強を続けていけば、必ず成績は伸びていくだろうと感心したよ（感想）。苦手なことから逃げずに取り組めるのがあなたのいいところだね（良い点)。頑張っている姿が見られるのは嬉しいよ。ありがとう(感謝)。

あまり固く考えすぎると不自然になってしまうので、ざっくりと「事実→感想」の順に伝えるだけでも十分です。少しずつ慣れていってください。

まとめ

心からほめることで子どもはやる気になる。
そのために、子どもの成長を本心から喜べるようになろう。

4．やってはいけない5つのご褒美のあげ方

「ご褒美で釣って、子どもに勉強させてもいいのかしら…」。

多くの方がこういったお悩みを抱えています。その主な理由は、「ご褒美がなかったら勉強しない子になってしまうのでは…」という不安です。確かにその不安も半分は正解です。

親「今度のテストで頑張ったら○○を買ってあげる」

子「やった！ 頑張る！」

そう言ってテストに向けて頑張ったと思ったのも束の間、ご褒美をゲットした後はすっかりやる気をなくして元通り。そんな話はそこかしこにあふれていますものね。

しかし、うまくいかない「ご褒美作戦」はやり方が悪いのです。これからお伝えするト

次の目標の邪魔になる
ご褒美は避けましょう
・・・

リセツを参考に、上手にお子さんのやる気を引き出してあげてください。まずは、5つのやってはいけないご褒美のあげ方を見てみましょう。

☑①目標に反するご褒美にする

「ダイエットに成功したら自分へのご褒美にケーキ食べ放題に行くんだ♪」

そんなことを言っている友人がいたら、あなたはどう思いますか？

「それ、ダイエットがパアになるんじゃ…？」

これと同じような失敗をされているご家庭がたくさんあります。勉強を頑張るご褒美として、ゲーム機やスマホを与えるというものです。それを買ってしまったら、間違いなく勉強時間が減ることになります。

「ゲームは1日○時間までと約束すればいいのでは…?」と思うかもしれませんが、ほとんどの子どもはそんな約束守れません。それを守れるような子だったら、ご褒美なんかなくてもちゃんと勉強します。目の前の誘惑に負けて勉強できないような子だから、ご褒美が必要だという事実を忘れないでください。

「目標を達成できたらどこかに遊びに連れていく(1回きりだから大丈夫)」「好きなものを食べに連れていく(晩ごはんに好きなものをリクエストできるでもOK)」といった、**その次の目標に向けた行動の邪魔にならないご褒美にしましょう。**

☑②ご褒美を大きくしすぎる

「ゲーム機」「スニーカー」といった、大きなご褒美でなければお子さんは動かないと思っていませんか? 子どもを毎回大きなエサで釣ろうとすると、先に大人が音を上げることになります。毎回、そんな大きな買い物をするわけにはいかないですからね。

そうして親があきらめて「もうご褒美は無理」となると、子どもは「ご褒美ないなら、もう勉強しない」となってしまいます。これは避けたい状況です。そのための解決策が、**ご褒美は小さなものにすること**です。シール1枚や10円お菓子でも、子どもには十分です。下手に高価にしてインフレさせるより、小さいものをコツコツあげましょう。

☑③ご褒美のハードルを上げすぎる

大人は「夢はでっかく、ハードルも高く」を選びがちですが、これは無意味です。なぜなら、大きいご褒美のために前々からじっくり頑張れる子どもなら、そもそもご褒美作戦の必要はあまりないからです。未来のために頑張るイメージも、その成功体験もまだ十分につかめない子どもには、絵に描いた餅でしかありません。

目の前のことにしか頑張れない子を、正しい方向へ導いてあげることがご褒美作戦の本質なのです。「正しい方向はこっちだよ!」と、小さい巻き餌で連れて行ってあげるのです。

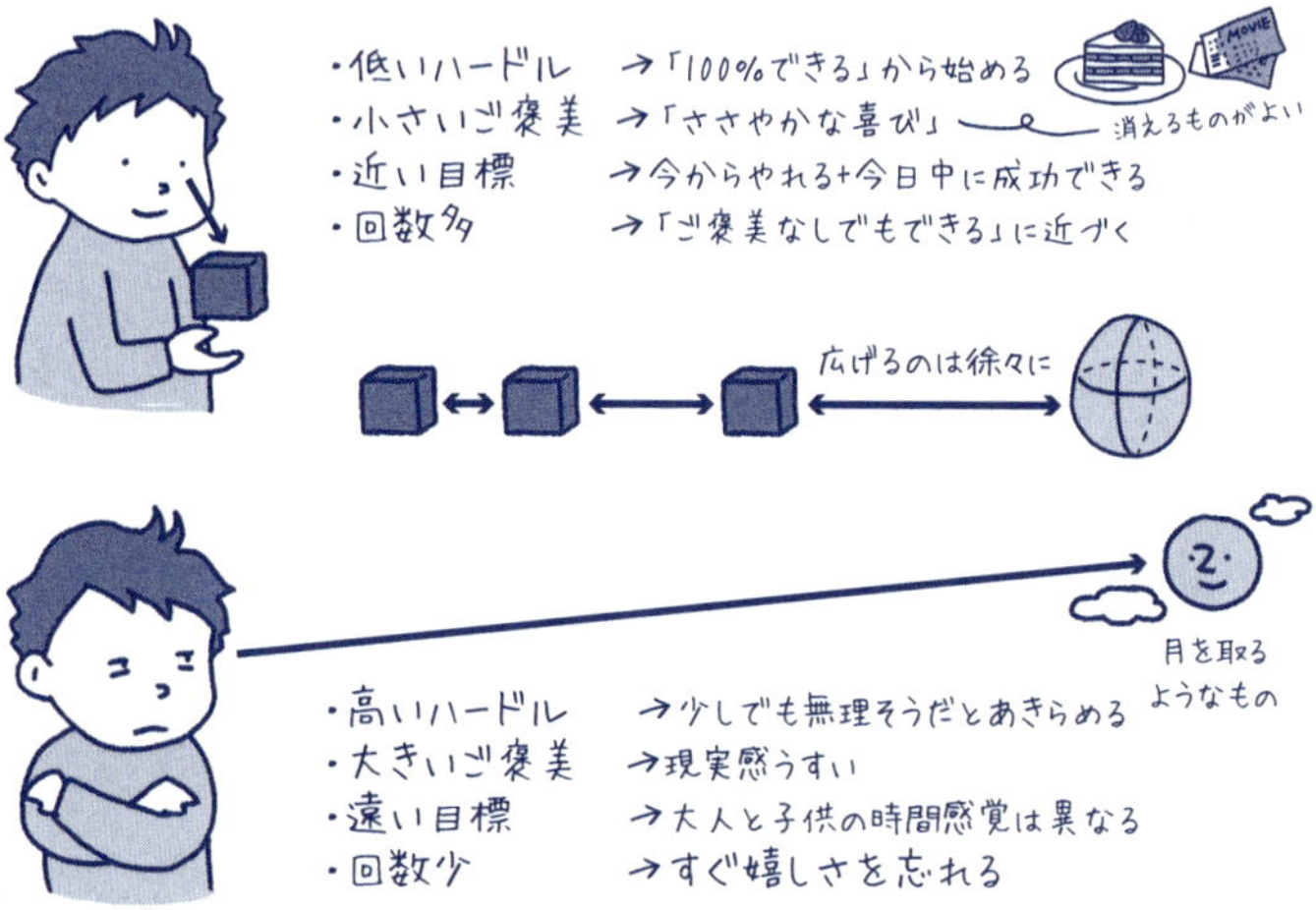
・低いハードル →「100%できる」から始める
・小さいご褒美 →「ささやかな喜び」
消えるものがよい
MOVIE
・近い目標 →今からやれる+今日中に成功できる
・回数多 →「ご褒美なしでもできる」に近づく
広げるのは徐々に
月を取るようなもの
・高いハードル →少しでも無理そうだとあきらめる
・大きいご褒美 →現実感うすい
・遠い目標 →大人と子供の時間感覚は異なる
・回数少 →すぐ嬉しさを忘れる

ご褒美はすぐ目の前に設定しましょう。ハードルが低すぎることは問題になりません。むしろスモールステップと言って、細かな成功体験を積み上げ続けられるのでいいことです。回数が増えても対応しきれるよう、1回あたりのご褒美は小さくしましょう。

☑ ④回数が少ない

ご褒美作戦のゴールは何かと言えば、ご褒美なしでも行動できるようになることです。だからと言って、必要最小限にとどめようと1回きりにしては、意味がありません。ご褒美なしでも行動できる状態とは、「やってみた結果、ご褒美以外にもやる意味が出てきた」「繰り返し取り組んだことで、やることが当たり前になった」という状態のはずです。

ご褒美以外のやる理由が見つかるまで、簡単にやめるわけにはいきません。回数を積み重ねて、やることが当たり前の状況を作るのです。伸学会では、宿題や学習記録をちゃんとやると、ポイントがもらえてお菓子や文房具と交換できます。4年生でお菓子ほしさで学習していた子どもも、徐々にお菓子に興味を持たなくなっていきます。

試しに6年生の後半で宿題チェックの際に、お菓子ポイントへの換算を意図的にしなかったことがあるのですが、生徒誰1人として文句も言わず、宿題の取り組みも変わりませんでした。徐々に、ご褒美目的から離れていくものなのです。

⑤そもそも不要なところにご褒美をあげる

頑張っているお子さんを見ると、つい嬉しくなってご褒美をあげたくなりますよね。ただ、ここには注意が必要な落とし穴があります。ご褒美を設定したせいで、かえってやる気を失わせてしまうことがあるからです。これは、心理学で「アンダーマイニング効果」と呼ばれています。

アメリカの心理学者エドワード・L・デシが次のような実験を行ってアンダーマイニング効果を確認しました。学生を2つのグループに分けて、片方のグループにはパズルを解けたら賞金を出すことにしました。もう片方のグループには賞金なしで取り組ませました。

30分ひたすらパズルを解いてもらった後、実験者はデータ入力のためと言って部屋から出ていき、休憩時間となりました。実はこの休憩時間こそがメインの実験で、学生たちは行動を観察されていたのです。

実験者がいないので、休憩時間はパズルを解いても報酬がもらえません。すると、もともと報酬がないグループは、暇つぶしに引き続きパズルを解いて楽しむ学生たちがたくさんいた一方で、賞金を提示されたグループは、賞金が出ない休憩時間にはパズルを解こうとしなくなりました。このように、**報酬なしでも取り組むようなものに報酬を設定すると、**

好きで取り組んでいたものに報酬を設定すると
報酬がなくなったときにはやる気を失う
今日からもうご褒美なしね
やる気

それがなくなったときにはやる気を失うのです。

このようなアンダーマイニング効果が起こるのは2つの条件が揃っている場合です。1つは、あらかじめご褒美が予告されていた場合。もう1つは、物的なご褒美だった場合です。

ですから、勉強を頑張っている子に「次のテストでも頑張ったらご褒美をあげる」はダメですが、「この前のテストで頑張ったからご褒美をあげる」は大丈夫です。また、ご褒美の中身がお金やモノではなくほめ言葉などであれば、アンダーマイニング効果は起こりません。

もし、頑張っているお子さんにご褒美をあげたくなったら、「次も頑張ったらね」ではなく、すぐにあげてしまってください。

まとめ

こまめに、小さいご褒美をたくさん用意する。達成のハードルはできるだけ下げる。ハードルを上げるなら徐々に。報酬はモノでなく「ほめ言葉」でもよい。

5.「ご褒美作戦」成功の2つのコツ

ご褒美作戦の元ネタは、アメリカの行動主義心理学者バラス・スキナーの行ったオペラント条件づけの実験です。オペラント条件づけとは、報酬や罰に適応して自発的にある行動を行うように学習すること。この実験から、ご褒美作戦成功のための2つのコツを見ていきましょう。

①ランダム性を混ぜる

実験では、箱に入れられた動物が「レバーを押すとエサが出る」状況でレバーを押すのを学習するところを観察しました。このとき、「レバーを押す」と「エサが出る」の関係を、いろんな設定にしました。

A. 一定回数押したら必ず出る

例えば、10回押したらエサが出る、ということです。

B. レバーをランダムな回数押したら出る

2回押して出ることもあれば、次出るまで40回かかることもあります。

C. 一定時間経ってからレバーを押したらエサが出る

30秒経ってから押したら出るが、その30秒間はいくら押しても出ません。

D. ランダムな時間経過で出るようになる

何秒経ってから押したら次のエサが出るか、毎回変わるということです。

さて、この4つの設定で、どれが一番動物にレバーを押させたでしょうか？

正解は、Bの押す回数がランダムになっている設定です。AやCのペースが決まった設定だと、エサが出た後に一定時間休みがちになります。BやDのランダム性がある設定だと、エサが出た後に休まなくなります。しかも、エサを出さなくなってからも行動が消えにくいのです。

わかりづらいかもしれないので、私のスタバ通いでご説明しましょう。スターバックス

では、商品を累計7500円分購入するごとに、700円までのドリンクの無料券がもらえます。これは「レバーとエサの実験」でいうAです。累計が7000円まで貯まっていて、「あと1杯のラテを頼めば無料券をもらえる」となったらすぐ買ってしまいそうですが、無料券をもらって累計金額がリセットされた直後は足が遠のきますよね。ポイントカードが一周した直後も同様です。

さらに、会計時にランダムな確率で無料券レシートが出てきます。これが「レバーとエサの実験」でいうBです。私は1週間で2枚当たったことがあり、それ以降のスタバ頻度が大きく増えてしまいました。ギャンブル依存症もBにはまっている例です。ギャンブルでお金を使いすぎてしまうのは、よくないものにハマっているわけですから当然避けたいところ。ですが、**勉強に対してもギャンブル的にハマることができる**のです。

伸学会ではご褒美に「当たり」があるお菓子を採用しており、時々100円分の当たりが出ると、ちょっとした騒ぎになります。「次は自分が当てよう」と思って、ポイントをもらうためにしっかり宿題を頑張ってくれます。

こういったことを、私が担当した個別指導でも利用したところ、とてもうまくいったことがありました。「毎朝学習するのが辛く、続かなさそうだ」という生徒に対して、平日5日間の朝学習を完遂したらサイコロを振って出た目に応じて景品を与える、という約束をしてみたことがあります。これだけで朝学習の頻度が上がりました。

ただ、1日でも朝学習をサボったら景品がなくなるルールだと、月曜日にいきなり朝学習に失敗すると翌日からもう頑張る理由がなくなってしまいます。そこで、「休み1日につきサイコロの目を1つずつハズレにする」ルールにしてみたところ、1日失敗したくらいでは心が揺らがなくなったのです。ぜひ、参考にしてみてください。

②ご褒美は自分で決める

ここまで、〝子どもをエサでコントロールしている感じ〟に違和感を覚えた方もいるのではないでしょうか。実際、100ページの「二要因分類」の中で、「報酬志向」は一番外発的な動機で、やらされている感が強いものです。ただ、これはあくまで入口としての戦略です。

次に行っていきたいのが、この「エサでコントロールされている感」を変えていく工夫です。それは、「自分で自分に報酬を与える」という作戦です。あなたも、「ダイエットできたら、この服を買う」というご褒美の設定をしたことはありませんか？ 私は、仕事で目標を達成したら、趣味にお金を使っていいことにしています。このほうが、「自分でやっている」という自律性の感覚を得られるのです。

同じように、何をご褒美にするか、お子さんが自分で選べるようにしてみましょう。ただし、いきなり自己設定させると、今まで説明してきたような、間違ったご褒美を設定してしまい、挫折してしまう可能性があります。

・「いつまでに、何を、どれくらいできたか」の達成条件は、勝率80％くらいにする
・ご褒美の内容は、「これとこれならどっちがいいかな？」「これと同じくらいの予算で考えてごらん」と、見本がある形で考えさせる

このように、正しいご褒美の設定方法を

教えてあげてください。ご褒美だけではなく、罰も自己設定できるといいですね。

ご家庭で、「この時間を過ぎたら、たとえ僕が文句を言ってもゲームを取り上げて」とお母さんと約束した生徒がいました。たしかに、「自分でゲームをやめられないのか」というツッコミを入れることはできます。

しかし、「ゲームをやっているときに、自分でやめる判断をするのは難しい」と客観的に自己認識できているわけですから、これを言い出せたのはすごいことだと思います。

まとめ

ご褒美にランダム性を混ぜる。
ご褒美を自分で決めさせるところから主体性が育つ。

6. 結果が出ない子に怒らない技術

親とはいえ人間なので、期待する成果を出せないわが子に腹が立つこともあると思います。身内になればなるほど感情的になりやすいもので、我々のように教育に関わる人間も、自分の子どもだけは冷静に関わることができません。この項では、みなさんに役立つアンガーマネジメントの方法、4つの「怒らない技術」を紹介したいと思います。

①まずは6秒待つ

怒りは、124ページでご説明した1階の脳の反応だということを頭に入れておきましょう。子どもが1階の脳で〝やってしまった〟行動に対して、大人も1階の脳で怒ってしまうと、その場はサバンナやジャングルになってしまいます。ホットで素早い1階の脳の代わりに、クールで遅い2階の脳を使いましょう。

そこで、**1階の脳に支配される前に、2階が起動するまでの時間稼ぎとして頭の中で6秒数えます。**6秒を正確に数えたければ、「1001、1002、1003、1004、1005、1006」とカウントするといいでしょう。

また、怒りに支配されそうになったら、必ず心の中で唱える「魔法の合言葉」を決めておいたり、気に入っている曲のサビをワンコーラス頭の中で歌ったり、などもよいでしょう。とにかく時間を稼ぐのです。

「今すぐ言って聞かせないと！」「すぐに対処しないと！」という1階の脳の呼びかけを堪えてください。それは、線路に落ちたり、車道に飛び出たりといった、身の危険に関わるときにこそ重要です。宿題を忘れても、忘れ物をしても、偏差値が下がっても生命に危険はありません。6秒遅れても大事にならないものは、待ちましょう。

☑②事実を言葉で説明してみる

ここから、徐々に2階の脳を使って状況を冷静に観察しましょう。2階の脳は、言葉で

すぐできるアンガーマネジメント

説明する脳です。状況・事実を言葉にして確認しましょう。そこでまずは、お子さんについてではなく、親自身の状況を言葉にしてみるのです。我を忘れて怒ると、後になって「やりすぎた」と後悔するものです。そこで、「我を思い出す」ことにするのです。

天井の上から自分を観察したら、どういう状況に見えるかを考え、言葉にしてみましょう。「私がタンスに小指をぶつけて、イライラしている」「私は宿題に取り組まない子どもに対して怒っているのだな」とまとめてみましょう。自分の状況を客観視することが、冷静な対応をする上での基本です。

☑③「怒りは感情ではない」と意識する

怒りは二次的感情です。怒りはあくまで感情の温度が上がっている（ホットになっている）だけです。その裏には、本来の一次的感情（悲しい・失望・焦り・希望）があります。その本来の感情を言葉にしてみましょう。

・「宿題をしてほしい」と言ったのに、してくれなくて悲しい
・子どもが宿題をしている姿をあまり見ておらず、不安になっている
・テストの成績が悪いことを知り、焦っている
・自分が感じている焦りを子どもがわかってくれなくて、焦りが高まっている
・頑張れば結果が出そうだ、という期待が子どもに届かなくて、がっかりしている

これらはすべて、国語の物語文の鉄則、「事実＋心情で書く」を実践しています。**「怒ったぞ！」「今、私は熱いぞ！」を伝えるのではなく、この事実認識と本来の感情を伝えます。**

③「怒りは感情でない」と意識する
④記録を取って比較する

自己客観視で冷静になる

その際、主語は「私」にしましょう。「私はこのことについてこう考えていて、こう感じている」というメッセージにするのです。「(君は)なんで宿題やらないの！」「(君が)早くやりなさいよ！」は主語がどちらも相手です。**主語を相手（お子さん）にすると非難や指示・説教といった高圧的な発言になります。**お子さん自身が納得しないと、根本的な解決にならず、毎回同じセリフの繰り返しになります。会話ではこの「アイ・メッセージ」を意識して、キツイ言い方にならないよう注意してみてください。

☑ ④記録を取って比較する

自己客観視のための最大の武器は、「記録を取ること」です。感情は「今・ここ」しかなく、場当たり的に動くものです。そのため人間は、同じ出来事に対しても、そのときの機嫌の良し悪しで怒りすぎたり、甘くしすぎたりしてしまいます。

そこで、**過去の怒りを思い出し、10段階で評価してみましょう。「心の温度計」の基準を作る**のです。そしてその後も、**怒りが湧いた、子どもを叱った、というたびに「何度で怒ったか」と「何度であるべきだったか」を記録していきましょう。**「あの時の自分ならこういう判断だ」という過去に対する仮説思考力は、2階の脳の仕事です。冷静な2階の脳で対処できるようにするのです。

データの蓄積が進むと、自分が何に対して怒りやすいのか傾向がわかります。このような自分に対する「心の監督（メタ認知）」は、まさに子どもに持ってもらいたいものです。みなさんも日頃から意識してお子さんに接しましょう。

まとめ

時間を空けて心を落ち着かせ、何が起きているのか、事実を言葉にして確認する。怒りを客観視するため、データを取る。

7. さらば完璧主義、ようこそ最善主義

前項は、怒りを感じてからの対処法、冷静な対応をするための工夫でした。本項は、そもそも怒りはどこから生じるのか、怒りの原因に対してアプローチします。

親の中の当たり前を疑う

怒りの原因とは何か。わがままを言う子どもでしょうか、宿題をやらない子どもでしょうか。違います。**怒りの原因は親の「こうであって当然」という完璧主義にあります。**完璧主義が強いと、理想と現実のギャップが目につくようになります。

1つひとつの失敗に対して、「こんなもの解けて当たり前のはずなのに」と思ったり、他の家の子どもと比べて「うちの子だけ当然のことができていない」と思ったりするときは、完璧主義になっているのです。

親の中の当たり前を疑おう

いったんその「完璧・当然」の基準を疑ってみてください。親の基準を子どもは知りません。そして、親は自分の基準を自覚すらしていません。親が自覚していないものを、そもそも何も知らない子どもに当てはめようとするから、問題が起きるのです。これは、お子さんの視点に立つ練習でもあります。最近、子どもに対して感じた怒りや焦りを振り返りましょう。その裏にある「大人の常識」を探るのです。

例えば、塾の宿題をなかなかやりきれないお子さんに、怒りがわきつつあるとしましょう。まずは、学校を職場だと思ってください。すると学習塾は「副業」です。宿題は「持ち帰りの在宅ワーク」です。ここまで含めて、学校・塾の滞在時間を総計して労働基準法と比較してください。

いかがでしょう。「たとえやりたくなくても、イヤでも学校に行き、塾に行き、必ず宿題を終わらせるのが当然。成績が上がるというやりがいがあるはずだから」とは、ブラック企業が考える「当然」に思えてきませんか？ 塾の勉強もやれるのは、楽しさを感じて自分の意欲で取り組む選択をしたというすごいことです。それを、「やって当然だから」「義務だから」と言ってしまうのは、「給与を払っているのだから、これくらい働くのは当然」と同じロジックです。

☑「完璧主義」が子どもと家庭を壊す

完璧主義が子どもと家庭を壊します。「偏差値50以上の学校に受からなければ、受験した意味がない」「御三家に絶対に受からないといけない」、このような「当然」と現実のギャップが問題なのです。私たちは塾生の保護者の方々に、「中学受験の失敗は、不合格ではなく親子関係に傷がつくこと。中学受験の成功は、合格ではなく振り返ったときに、やってよかったと笑顔で言えること」と伝えています。

お子さんの完璧主義が強いと、失敗を恐れてチャレンジしなくなってしまいます。適切な難易度の課題は「適度に失敗し、それを直していく」ことですが、その途中の失敗を恐れて簡単なものだけ取り組もうとしたり、一度の失敗で諦めたりしてしまいます。

この完璧主義は、親や周囲の友達から影響されるものです。完璧主義の親が、「なぜこんな失敗をしてしまったの？」と聞くときは、落胆や非難になっています。これは、お子さんへの「こんなものもできないなんて、ダメな子だな」というメッセージになっているのです。

子どもはそれを恐れて、自分がダメな子に見える場面を親から隠そうとするようになります。テスト結果を隠すだけならまだしも、カンニングに走る場合もあります。それは「ラクをしたいから」ではなく、「親の評価が怖いから」が原因の場合も往々にしてあるのです。

この完璧主義の反対にあたるものが、最善主義です。**最善主義でのぞむと、子どもの現状（成績や行動）に対して、常に冷静に向き合うことができます。**

完璧主義…理想と現実のギャップに集中する「こうでなければならない」
最善主義…現状は現状として常に受け入れる「ここからどうすればよい」

最善主義の親は、子どもや自分の失敗に対して、好奇心を持って研究しようとします。「この失敗をした原因は何だろう？　何が隠れているのだろう？」と純粋な好奇心で知ろうとするのです。

私がかつて担当していた生徒と毎朝の学習を約束していたときのこと、その生徒が「朝はムリだからやめる」と言い出しました。６年生の受験が迫ったタイミングで、本番に向けて朝型人間にしたいのに、無理とは一体どういうことなのか。一瞬わいた怒りを抑えて帰宅させ、保護者の方に連絡を取ると、最近不眠で困っており、朝起きられない状況で困っているという話を聞くことができました。

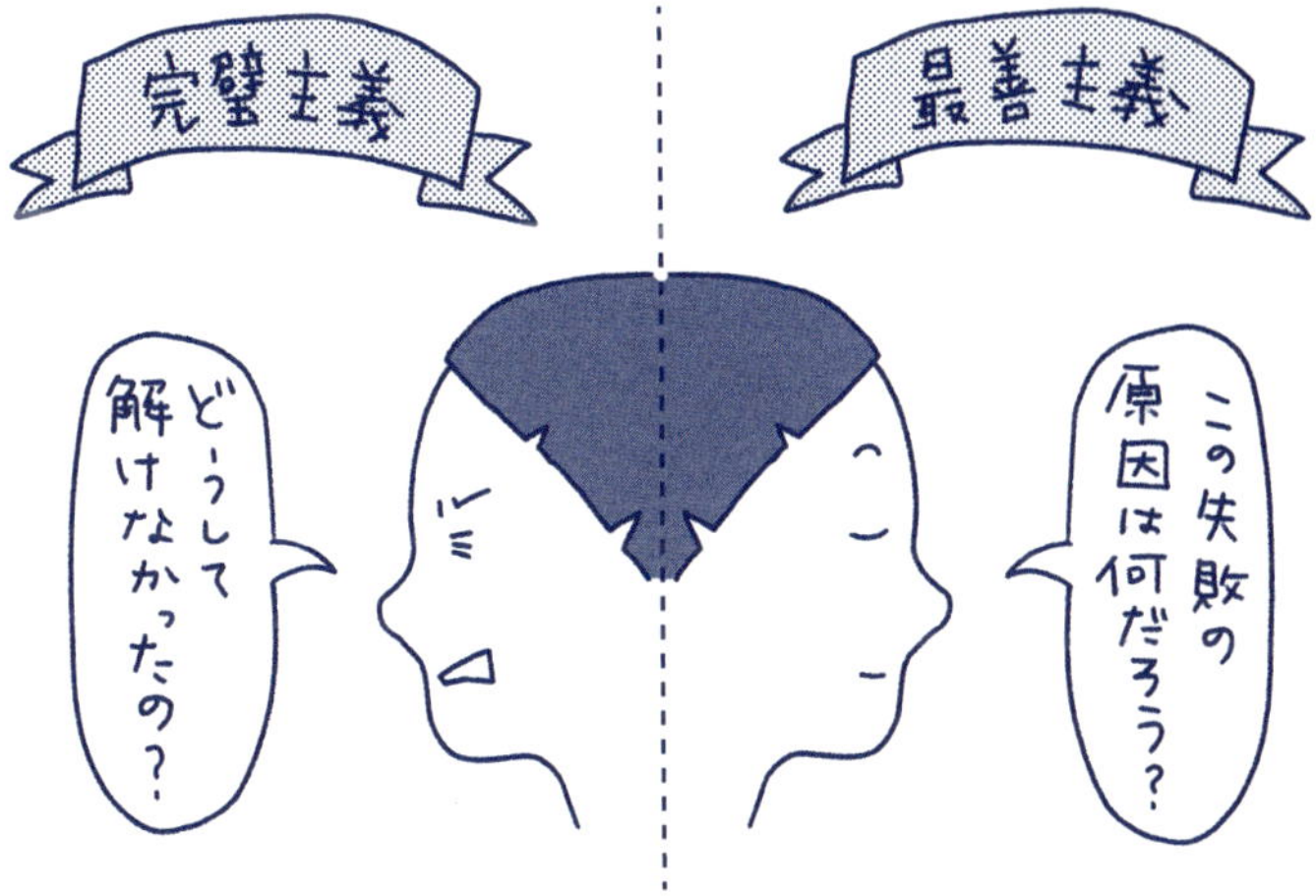

子どもに最善主義で向き合う

もし私が、「受験生なのだから当然じゃないか、何をサボろうとしているのか」と叱っていたら、この情報を聞き出せなかったどころか、生徒との信頼関係を損なっていたでしょう。しばらく朝の勉強を休むことにしたら徐々に復活し、最終的には受験に間に合いました。人は予想以上にコンディションで揺れるものですから、「最後にはなんとかなる」「どんなミスや困難があっても、取り返すことができる」と大きく構えることが大事なのです。

「すべて計画づくで成功し、全く失敗しない」という親はどこにもいません。子どもがテストで0点を取っても、宿題をサボっても、生命に危険はありません。それは子育ての失敗でもありません。

しかし、プレッシャーを感じ、憂鬱な気分が続くと、それこそ生命に危険があります。開成学園の柳沢校長は、著書で「体重が増えていること」「子どもに笑顔があること」が確認できればいい、としています。まずはここから始めてみてください。

まとめ

怒りの根本原因は、子どもと親の「こうして当然」という常識のズレ。「完璧主義」ではなく、「開き直ってからの最善」を追いかける。

ただいまー
バタバタ
バッ
算数
カリカリカリ…
あれから数ヶ月ー
息子はすっかり
勉強好きになった
自分から宿題してるのね〜〜
お母さん算数できたよ!
いまは学ぶことが
楽しそうだ
うんうん
成績も伸びている
95
算数
100
100

これも戦隊ARCSのおかげ
Attention
Reason
Confidence
Satisfaction
やりがいを感じ
勉強したら頭良くなるんだよね♪
自分にもできると思わせてもらっているうちに
このくらいできるよー
クイズにしよう
Attention
勉強大好きな子になりました！
皆さんもARCSで体験してくださいね！

おわりに

この本の材料は、2つあります。

1つは、過去の様々な教育心理学研究です。大学で使うような教育心理学の教科書・論文も踏まえつつ、その教科書に出てくる研究者本人の書いた市販の本も参考にしています。ぜひ参考文献のリストをご覧になって、気になった書籍を手にとってみてください。

もう1つは、我々の教室での指導経験です。様々な本を読みながら、その内容を日々の授業で実践しています。その意味で、伸学会の教室は壮大な実験場だとも言えます。うまくいったものは継続し、うまくいかなかったものはやめて、日々改善に努めています。自信を持ってお伝えできる実践が溜まってきた今、こうして本という形で皆さんにお伝えできることはとても嬉しく思っています。

本書を最後まで読まれたみなさんは、「目」と「手」と「心」を得られたと思います。「目」とは理論です。「ARCSモデル」を知ることで、やる気のないお子さんを見たときにARCSのどれが足りないか見分ける「目」を手に入れました。「二要因分類」を知ることで、お子さんを動かしているエンジンが何か、見分ける「目」を持ちました。

これには、漠然とした不安をクリアにする力があります。不安を理論の「目」で分析して、冷静に見つめることができれば、落ち着いて対策を考えることができます。「ダメな親で不安だ」「ダメな子で心配だ」などと考える必要がないことはもうおわかりだと思います。自分でコントロールできる原因に注目し、次の行動を具体的に考えればいいのです。

「手」とは、具体的な行動のアイデアです。どのような行動をとればよいか、アイデアは本書に散りばめられています。うまくいかないという思いが続くときは、行動を具体的に変えましょう。そうすることで、やがて結果も具体的に変わってきます。

そして、何より重要なものが「心」です。どういう意識で子育てに向かうか、子育てに対するマインドセットです。最後に、この「心」についてあらためてお話ししましょう。

４章の最後でお伝えしたばかりですが、完璧になれる親はいません。ここまで書いてきた我々も、全部を完璧にこなせるなどとは言えません。時に行動でなく能力に注目した声かけをしてしまったり、生徒と生徒を比較してしまったり、失敗はつきものです。

この本を読んで、すべての理論を理解し、すべてのアイデアを実行しようと思わないでください。「心」が疲れてしまいます。完璧であろうとして「義務」で「努力」するが、うまくいかない。こんなに頑張っているのに…。湧き上がる怒りを子どもにぶつけて悪循環…。子育てなんてうまくいく気がしない…。

これって、「外発的動機づけ（＝やらされている状態）で、「完璧主義」で、原因を「外的な要因（＝子ども）」に求めている状況ですよね。失敗を重ねて「学習性無力感」にも陥っていそうです。そう、今までの話は、すべて子育てをしているときのあなた自身を分析するのにも使えるのです。

A…子育てに面白さを発見しましょう。新たな工夫を見出しましょう。

R…子育ての目的を再確認しましょう。それは子どもと自分の笑顔ではないでしょうか？

C…子どもをほめるのと同じように、自分をほめてあげましょう。

S…子育てをしていてよかったと感じたときは、しっかり噛み締めましょう。日記に残してはいかがですか？

「勉強は、つまらなくてもガマンして取り組まなければいけないものではなく、楽しめるものだ」と「はじめに」で書きました。これは、勉強だけではありません。子どもの教育も、楽しめるものなのです。繰り返しますが、全部を実践しようとしなくても構いません。楽しめる範囲で実践して、充実した時間を過ごしてもらえればと思います。

2019年春

伸学会代表　菊池　洋匡

開発部主任　秦　一生

主な参考文献

ジョン・M・ケラー（鈴木克明監訳）『学習意欲をデザインする ARCSモデルによるインストラクショナルデザイン』
ベネディクト・キャリー（花塚恵訳）『脳が認める勉強法』
ダン・アリエリー（熊谷 淳子訳）『予想どおりに不合理：行動経済学が明かす「あなたがそれを選ぶわけ」』
ウォルター・ミシェル（柴田裕之訳）『マシュマロ・テスト 成功する子・しない子』
サンガ編集部『グーグルのマインドフルネス革命』
エドワード・L・デシ、リチャード・フラスト（桜井茂男監訳）『人を伸ばす力 内発と自律のすすめ』
ケリー・マクゴニガル（神崎朗子訳）『スタンフォードの自分を変える教室』
アンダース・エリクソン、ロバート・プール（土方奈美訳）『超一流になるのは才能か努力か？』
ジョセフ・ヒース（栗原百代訳）『啓蒙思想2.0 政治・経済・生活を正気に戻すために』
ダニエル・カーネマン（村井章子訳）『ファスト&スロー あなたの意思はどのように決まるか 上・下』
ダニエル・コールマン『EQ 心の知能指数』
ダニエル・J・シーゲル、ティナ・ペイン・ブライソン（桐谷知未訳）『子供の脳を伸ばすしつけ』
ダニエル・J・シーゲル、ティナ・ペイン・ブライソン（桐谷知未訳）『自己肯定感を高める子育て』
トレーシー・カチロー（鹿田昌美訳）『いまの科学で「絶対にいい！」と断言できる 最高の子育てベスト55』
キャロル・S・ドゥエック（今西康子訳）『マインドセット「やればできる！」の研究』
ハイディ・G・ハルバーソン（児島修訳）『やってのける 意志力を使わずに自分を動かす』
ロイ・バウマイスター、ジョン・ティアニー（渡会圭子訳）『WILLPOWER 意志力の科学』
アンジェラ・ダックワース（神崎朗子訳）『やり抜く力 GRIT─人生のあらゆる成功を決める「究極の能力」を身につける』
中原淳『はじめてのリーダーのための実践！フィードバック』
中原淳『働く大人のための「学び」の教科書』
安藤俊介『アンガーマネジメント 叱り方の教科書』

市川伸一『学力と学習支援の心理学』
市川伸一『勉強法の科学 心理学から学習を探る』
市川伸一『学ぶ意欲の心理学』
中原 淳『フィードバック入門 耳の痛いことを伝えて部下と職場を立て直す技術』
鹿毛雅治『学習意欲の理論 動機づけの教育心理学』
久賀谷亮『世界のエリートがやっている最高の休息法』
小室尚子『男の子をやる気にさせる勉強法』
鈴木克明『研修設計マニュアル 人材育成のためのインストラクショナルデザイン』
藤田哲也編著『絶対役立つ教育心理学 実践の理論、理論を実践』
中室牧子『「学力」の経済学』
ハーバード・ビジネス・レビュー編集部『【新版】動機づける力―モチベーションの理論と実践』
船津徹『世界標準の子育て』
佐々木典士『ぼくたちは習慣で、できている。』
柳沢幸雄『男の子を伸ばす母親が10歳までにしていること』
飛田基『世界で８００万人が実践！ 考える力の育て方』
Nicholas A. Christakis, M.D., Ph.D., M.P.H., and James H. Fowler, Ph.D. "The Spread of Obesity in a Large Social Network over 32 Years" N Engl J Med 2007; 357:370-379
Zajonc, Robert B. (1968). "Attitudinal effects of mere exposure". Journal of Personality and Social Psychology 9 (2, Pt.2) : 1–27.
Steindl, C., Jonas, E., Sittenthaler, S., Traut-Mattausch, E., & Greenberg, J. (2015). Understanding psychological reactance. Zeitschrift für Psychologie, 223 (4), 205–214.
Diana I. Cordova and Mark R. Lepper, "Intrinsic Motivation and the Process of Learning: Beneficial Effects of Contextualization, Personalization, and Choice" Journal of Educational Psychology 1996, Vol. 88, No. 4, 715-730

T.Moffitt and twelve other authors, “A Gradient of Self-Control Predict Health, Wealth, and Public safety,” Proceedings of the National Academy of Sciences (Jan 24, 2011)

Trang Nguyen , “Information, Role Models and Perceived Returns to Education: Experimental Evidence from Madagascar,” mimeo (2008)

Boreom Lee and the others, "White matter neuroplastic changes in long-term trained players of the game of "Baduk" (GO) : a voxel-based diffusion-tensor imaging study," Neuroimage. 2010 Aug 1;52 (1) :9-19

Overmier, J.B.; Seligman, M.E.P. (1967). “Effects of inescapable shock upon subsequent escape and avoidance responding”. Journal of Comparative and Physiological Psychology 63: 28–33.

Mike Brown “Comfort Zone: Model or metaphor?” Australian Journal of Outdoor Education, 12(1),3-12, 2008

菊池洋匡（きくち・ひろただ）

中学受験専門塾伸学会代表。算数オリンピック銀メダリスト。開成中学・高校・慶應大学法学部法律学科を卒業。10年間の塾講師歴を経て2014年に伸学会自由が丘校を開校、現在は目黒校と2校舎を運営。中学受験の第一志望校合格者は4人に1人と言われる中、毎年40％以上の子供たちを第一志望校に合格させている。「自ら伸びる力を育てる」というコンセプトで、少人数制のアットホームな雰囲気の中、学力の土台となる人間性から作り上げる指導を徹底。メインとなる中学受験本科コースでは、算国理社以外に「ホームルーム」という独自の授業を実施し、スケジューリングやPDCAといったセルフマネジメントの技術指導に加え、成長するマインドのあり方を育てるコーチングを行う。それらの内容はすべて最新の教育心理学の裏づけがあり、エビデンスに基づいた指導に対し、特に理系の父親たちからの支持が厚い。伸学会の指導理念と指導法はメルマガでも配信し、現在約3500人の悩める保護者が購読。生徒の９割以上は口コミと紹介とファンになったメルマガの読者から集まっている。

秦一生（はた・かずき）

中学受験専門塾伸学会開発部主任。菊池の教え子として開成中学に合格。開成中学・高校では学習をサボって手品に打ち込み、成績では学年でワースト5に入っていたが、大学受験時に一念発起して学年の9割を抜き、東京大学文科三類に合格。大学でもマジックサークルの会長を務めるほど手品にのめり込んだ結果、一年遅れで文学部を卒業。この成績の乱高下経験から「熱中を自分で意図的に作り出せるかが成功を左右する」と考えるようになったこともあり、教育業界に関わることを決意。スタッフ研修と保護者向けセミナーを担当。伸学会独自の教科「ホームルーム」のカリキュラムを制作し、生徒が自己管理しながら自主的に学習するための指導法を考案している。

「やる気」を科学的に分析してわかった
小学生の子が勉強にハマる方法

2019年７月10日　初版第１刷発行
2019年11月20日　初版第４刷発行

著　者　菊池洋匡・秦一生
発行者　小山隆之
発行所　株式会社 実務教育出版
〒163-8671　東京都新宿区新宿1-1-12
電話　03-3355-1812（編集）　03-3355-1951（販売）
振替　00160-0-78270

印刷／壮光舎印刷株式会社　　製本／東京美術紙工協業組合

ISBN978-4-7889-1598-5　C0037